大人《おとな》も知らない!?
スポーツの実《じつ》は…

監修：白旗和也

文響社

はじめに

みなさん、「スポーツ基本法《きほんほう》」ってきいたことありますか？

いきなり法律《ほうりつ》の話《はなし》で難《むずか》しそうですね。この法律《ほうりつ》は、全《すべ》ての人《ひと》が、自分《じぶん》に合《あ》ったやり方《かた》で、ずっとスポーツに関《かか》わっていけるようにするための法律《ほうりつ》なのです。スポーツというのは、オリンピックやワールドカップで競《きそ》い合《あ》うだけのものではなく、友達《ともだち》と集《あつ》まってサッカーを楽《たの》しむことや、ジョギングをしたり、ウォーキングしたりすることも、広《ひろ》い意味《いみ》でのスポーツなのです。障害《しょうがい》のある人《ひと》がするスポーツもたくさんありますね。このようにスポーツは全《すべ》ての人《ひと》のものなのです。また、運動《うんどう》を「する」だけでなく、プロ野球《やきゅう》やJリーグの試合《しあい》を「見《み》る」ことや、スポーツイベントの企画《きかく》をしたり、審判《しんぱん》をして試合《しあい》をスムーズに進行《しんこう》したりして、「支《ささ》える」ことも大切《たいせつ》なスポーツの要素《ようそ》です。

みなさんは体育《たいいく》の時間《じかん》に、運動《うんどう》をするだけではなく、友達《ともだち》のプレーを見《み》たり、ゲームができるようにみんなで準備《じゅんび》（支《ささ》える）したりしていますよね。こうしたことは、全《すべ》てスポーツにとって大切《たいせつ》なことなのです。

そのスポーツですが、元々《もともと》は「気晴《きば》らし」「楽《たの》しみ」といった意味《いみ》でした。ですから、それぞれのスポーツには特有《とくゆう》の楽《たの》しさがあるのです。そのことをスポーツの特性《とくせい》と言《い》います。例《たと》えば、バレーボールは自陣《じじん》にボールを落《お》とさないようにつなぎ、ネットの向《む》こう側《がわ》のコートにボールを落《お》とし合《あ》うことを楽《たの》しむわけです。その際《さい》、手《て》で持《も》ってはいけません。その不自由《ふじゆう》さが楽《たの》しさを演出《えんしゅつ》しているのです。こうしたルールや用具《ようぐ》が生《う》まれるには、理由《りゆう》があったのです。そうしたことを知《し》ると、「する」にしろ、「見《み》る」にしろ、スポーツの奥深《おくふか》さが楽《たの》しめます。本書《ほんしょ》は、そのようなスポーツの「知《し》ると楽《たの》しくなる」話題《わだい》を集《あつ》めています。この本《ほん》を読《よ》んで、多《おお》くのスポーツに関心《かんしん》を持《も》ってもらえると幸《さいわ》いです。

日本体育大学《にほんたいいくだいがく》教授《きょうじゅ》　白旗和也《しらはたかずや》

※スポーツのはじまりには諸説《しょせつ》あります。

じつはスポーツは"狩猟《しゅりょう》"から始《はじ》まった!

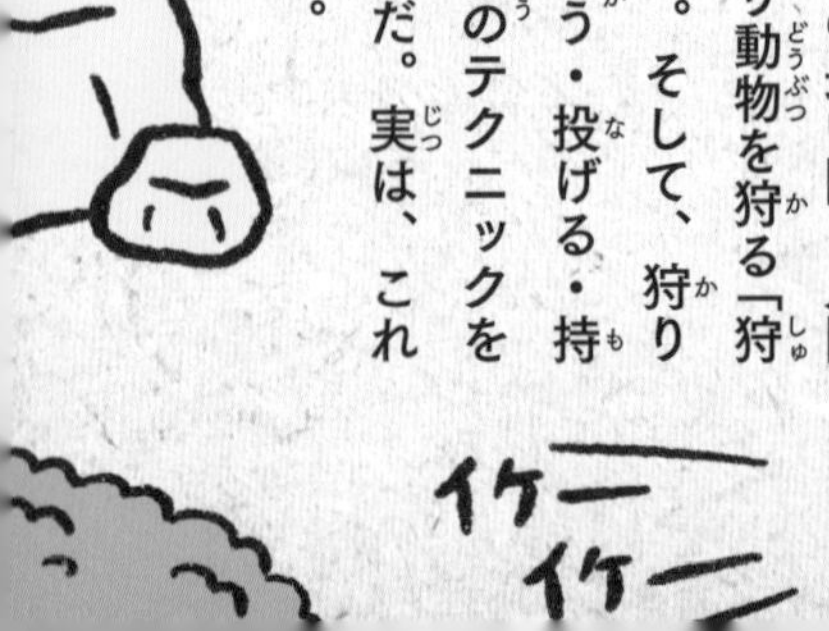

人類《じんるい》が誕生《たんじょう》してからの長《なが》い間《あいだ》、人間《にんげん》は、野山《のやま》をかけまわり動物《どうぶつ》を狩《か》る「狩《しゅ》猟《りょう》」生活《せいかつ》をしていた。そして、狩《か》りの合間《あいま》の時間《じかん》に、戦《たたか》う・投《な》げる・持《も》ち上《あ》げるなど、狩猟《しゅりょう》のテクニックを競《きそ》って遊《あそ》んでいたんだ。実《じつ》は、これがスポーツの始《はじ》まり。

狩猟《しゅりょう》から生《う》まれたスポーツには、レスリングやボクシングなどの格闘《かくとう》技《ぎ》、やり投《な》げや重量《じゅうりょう》挙《あ》げなどがあったよ。そして、その後長《あとなが》い時間《じかん》をかけて世界中《せかいじゅう》の様々《さまざま》な地域《ちいき》で、ルールが作《つく》られ、「競技《きょうぎ》」としての数多《かずおお》くのスポーツに発展《はってん》していったんだ。

じつは 東京《とうきょう》2020大会《たいかい》では339種目《しゅもく》まで拡大《かくだい》！

東京《とうきょう》オリンピックの正式種目《せいしきしゅもく》は、新《あたら》しく加《くわ》わったサーフィン・空《から》手《て》・スケートボードなどを含《ふく》め、33競技《きょうぎ》339種目《しゅもく》。東京《とうきょう》パラリンピックは、22競技《きょうぎ》539種目《しゅもく》！狩猟《しゅりょう》から始《はじ》まったスポーツは、長《なが》い時《とき》を経《へ》て、こんなにも多《おお》くの競技《きょうぎ》・種目《しゅもく》に発展《はってん》したんだよ。さらに最《さい》近《きん》は、eスポーツ（※）などの新《あたら》しい形《かたち》のスポーツも登場《とうじょう》。スポーツの種類《しゅるい》は、これからもどんどん増《ふ》え続《つづ》けていくのかもしれないね。

この本《ほん》では、スポーツに欠《か》かせない「ルール」「歴史《れきし》」「魅力《みりょく》・努《ど》力《りょく》」「オリンピック」の4つのテーマから、大人《おとな》も知《し》らない!?スポーツの「じつは…」を紹介《しょうかい》するよ。

さあ！
きみもスポーツの
おもしろさを
体験《たいけん》しよう！

※コンピュータゲーム・ビデオゲームを使《つか》った対戦《たいせん》

東京《とうきょう》オリンピック競技《きょうぎ》大会《たいかい》の追加《ついか》種目《しゅもく》

スケートボード

サーフィン

野球《やきゅう》／ソフトボール

空手《からて》

スポーツクライミング

もくじ

第《だい》1章《しょう》 じつは おもしろすぎる！ スポーツのルール

じつは
第《だい》2章《しょう》　超《ちょう》びっくり！　スポーツの歴史《れきし》

第《だい》3章《しょう》 じつは まだかくれた！ スポーツの魅力《みりょく》と努力《どりょく》

第《だい》4章《しょう》 じつは自慢《じまん》できる！オリンピックのヒミツ

※本書《ほんしょ》は２０２０年《ねん》５月《がつ》時点《じてん》での情報《じょうほう》を元《もと》に作《つく》られています。

※２０２０年《ねん》東京《とうきょう》オリンピックが延期《えんき》されたことをうけ、開催《かいさい》の有無《うむ》もしくは、開催時期《かいさいじき》／競技数《きょうぎすう》や内容《ないよう》は異《こと》なっていることがあります。

※諸説《しょせつ》あるものは代表的《だいひょうてき》な例《れい》をのせていますが本《ほん》によって違《ちが》うこともあります。

※この本《ほん》のイラストの一部《いちぶ》はわかりやすく伝《つた》わるためのイメージイラストです。厳密《げんみつ》なサイズ／色《いろ》／形《かたち》／位置《いち》等《とう》が多少異《たしょうこと》なることがあります。ご了承《りょうしょう》ください。

第《だい》1章《しょう》

じつは おもしろすぎる！ スポーツのルール

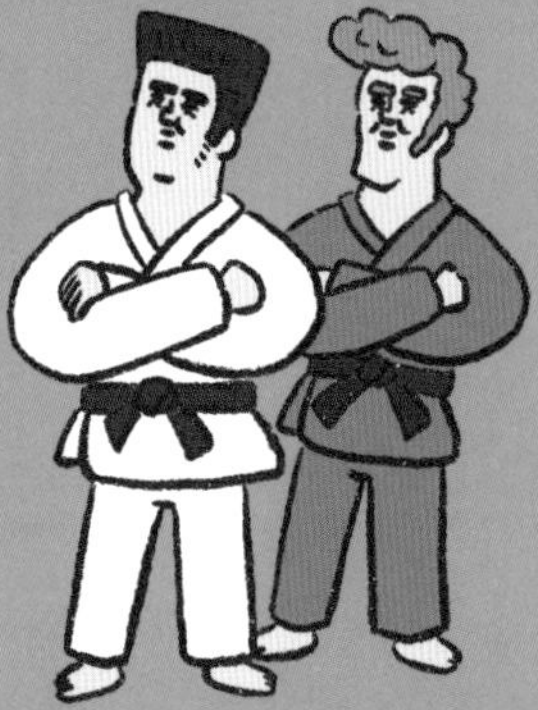

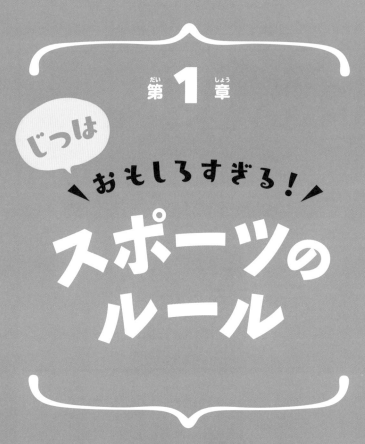

じつは 卓球《たっきゅう》はどんな大《おお》きなラケットを使《つか》っても良《よ》い！

テレビ番組《ばんぐみ》で卓球選手《たっきゅうせんしゅ》と芸能人《げいのうじん》が対決《たいけつ》。普通《ふつう》にやっては勝《か》てないと、とても大《おお》きなラケットを持《も》ち出《だ》して「ずるい！」と笑《わら》いを取《と》る場面《ばめん》があります。でも、実《じつ》はこれってずるくないんです。国際《こくさい》ルールでは、大《おお》きさに関《かん》して明確《めいかく》な規定《きてい》はありません。

といっても、大《おお》きければ有利《ゆうり》、とは限《かぎ》りません。振《ふ》りやすさ、球《たま》のコントロールのしやすさなどを考《かんが》えると、やっぱり、ほどよい大《おお》きさが一番打《いちばんう》ちやすいはずです。

また、素材《そざい》については「ラケット面《めん》の85%以上《いじょう》を天然木材《てんねんもくざい》にすること」という規定《きてい》があり、表面《ひょうめん》には赤《あか》か黒《くろ》のラバー（ゴム製《せい》のシート）を貼《は》ること、両面《りょうめん》とも同《おな》じ色《いろ》のラバーはダメ、といった規則《きそく》もあります。国《こく》内《ない》の公式大会《こうしきたいかい》では、日本卓球協会《にほんたっきゅうきょうかい》の認定《にんてい》マークのないラケットは使用《しよう》できない、といった決《き》まりもあるので注意《ちゅうい》しましょう。

卓球《たっきゅう》

こんなスポーツ

卓球台《たっきゅうだい》で向《む》かい合《あ》い、ピンポン球《だま》を打《う》ち返《かえ》すラケットスポーツ。1ゲームは11点制《てんせい》。

発祥《はっしょう》や歴史《れきし》

19世紀末《せいきまつ》にイギリスで誕生《たんじょう》。雨《あめ》でテニスができない日《ひ》でも室内《しつない》でなにか楽《たの》しめないかと、飲《の》み終《お》わったワインのコルクをけずって丸《まる》めて球《たま》を作《つく》り、テーブルで打《う》ち合《あ》ったのが起源《きげん》といわれている。そのため、海外《かいがい》での正式《せいしき》な競技名《きょうぎめい》は「テーブルテニス」だ。

ここに注目《ちゅうもく》！

小《ちい》さなピンポン球《だま》を打《う》ち返《かえ》すため、するどい反射神経《はんしゃしんけい》と、すばやい動《うご》きが求《もと》められる卓球《たっきゅう》。たとえモリモリの筋肉《きんにく》がなくても、相手《あいて》の先《さき》を読《よ》んだり、きわどいコースを攻《せ》める頭脳《ずのう》プレーができれば、年齢《ねんれい》や背《せ》の大《おお》きさも関係《かんけい》なく世界《せかい》のトップを目指《めざ》すことができる。

じつは！
サッカーの試合後《しあいご》のユニフォーム交換《こうかん》は予約制《よやくせい》！

サッカーの試合《しあい》で感動的《かんどうてき》なシーンといえば、試合終了後《しあいしゅうりょうご》、両《りょう》チームの選手《せんしゅ》たちがお互《たが》いの健闘《けんとう》をたたえ合《あ》いながらユニフォームを交換《こうかん》する瞬間《しゅんかん》ではないでしょうか。でも、その感動《かんどう》の裏《うら》にはある密約《みつやく》が……。実《じつ》は試合前《しあいまえ》から、誰《だれ》と誰《だれ》のユニフォームを交換《こうかん》するか、というのは予約制《よやくせい》で決《き》まっていることが多《おお》いのです。

というのも、スター選手《せんしゅ》ほど「ユニフォームを交換《こうかん》したい」とせがまれるもの。試合後《しあいご》の疲《つか》れた状態《じょうたい》で「俺《おれ》と交換《こうかん》を！」「いや、僕《ぼく》とお願《ねが》いします」と迫《せま》られて困《こま》らないよう、事前《じぜん》に相手《あいて》を決《き》めているのです。

ただ、試合中《しあいちゅう》にプレーに惚《ほ》れ込《こ》み、「お前《まえ》すごかったぞ」と、急遽《きゅうきょ》、スター選手《せんしゅ》の方《ほう》からユニフォーム交換《こうかん》を持《も》ちかけることも。この場合《ばあい》、当初予約《とうしょよやく》していた選手《せんしゅ》は別《べつ》の記《き》念品《ねんぴん》をもらったりするようです。

サッカー

こんなスポーツ

1チーム11人《にん》で対戦《たいせん》する球技《きゅうぎ》。フィールド内《ない》ではゴールキーパー以外《いがい》は手《て》を使《つか》うことができない。海外《かいがい》では「フットボール」と呼《よ》ぶことが多《おお》い。

発祥《はっしょう》や歴史《れきし》

日本《にほん》の「蹴鞠《けまり》」のように、ボールを足《あし》で蹴《け》る遊《あそ》びや競技《きょうぎ》は世界中《せかいじゅう》で昔《むかし》から盛《さか》んだった。ただ、今《いま》のサッカーのルールの原型《げんけい》ができあがったのは1863年《ねん》のイギリス。そのため、イギリスを「サッカーの母国《ぼこく》」と呼《よ》ぶ。

ここに注目《ちゅうもく》!

世界《せかい》で一番人気《いちばんにんき》のあるスポーツ、ともいわれるサッカー。なかでも一《いち》番《ばん》盛《も》り上《あ》がるのはゴールが決《き》まった瞬間《しゅんかん》だ。そのゴールを決《き》めるための華麗《かれい》なパス回《まわ》し、ドリブル突《とっ》破《ぱ》や豪快《ごうかい》なシュートなど、ゴールまでの道《みち》すじは無限大《むげんだい》。そんな自由《じゆう》なところも人気《にんき》の理由《りゆう》だ。

じつは

野球《やきゅう》は打者《だしゃ》が打《う》った球《たま》が鳥《とり》に当《あ》たっても続行《ぞっこう》される！

野球《やきゅう》の試合中《しあいちゅう》、もし、ピッチャーの投《な》げたボールやバッターの打《う》ったボールが鳥《とり》に当《あ》たってしまったら？ 答《こた》えは「投球《とうきゅう》」か「打球《だきゅう》」かでまったく変《か》わってきます。

まず、「投球《とうきゅう》」だった場合《ばあい》は、ノーカウントでやり直《なお》し。実際《じっさい》、メジャーリーグの試《し》合《あい》で時速《じそく》160㎞以上《いじょう》の豪速球《ごうそっきゅう》を投《な》げるピッチャーのボールがハトに直撃《ちょくげき》。ハトは死《し》んでしまいましたが、この投球《とうきゅう》は「なかったこと」になり、投《な》げ直《なお》しとなりました。

一方《いっぽう》、「打球《だきゅう》」だった場合《ばあい》はそのままプレー続行《ぞっこう》。空中《くうちゅう》で鳥《とり》に当《あ》たってはね返《かえ》ってきた球《たま》を直接《ちょくせつ》キャッチすればアウトになり、はね返《かえ》った球《たま》が外野《がいや》スタンドに入《はい》ればホームランとなります。グラウンドに鳥《とり》の群《む》れがいて、ボールが紛《まぎ》れて見《み》えない場合《ばあい》もプレーは続行《ぞっこう》です（※球場《きゅうじょう》によっては「特別《とくべつ》ルール」がある場合《ばあい》もあります）。

野球《やきゅう》

こんなスポーツ

1チーム9人《にん》ずつが出場《しゅつじょう》し、攻撃《こうげき》と守備《しゅび》を繰《く》り返《かえ》して得点《とくてん》を取《と》り合《あ》う球技《きゅうぎ》。ピッチャーとバッターが対戦《たいせん》して塁《るい》を4つ進《すす》むと得点《とくてん》が入《はい》り、攻撃側《こうげきがわ》が3アウトになると攻守交代《こうしゅこうたい》。

発祥《はっしょう》や歴史《れきし》

アメリカ発祥《はっしょう》とされていたが、13世紀《せいき》イギリスの「棒《ぼう》で球《たま》を打《う》つボール遊《あそ》び」が起源《きげん》という説《せつ》も。日本《にほん》には今《いま》から約《やく》150年前《ねんまえ》に伝来《でんらい》。当《とう》時《じ》は「打球鬼《だきゅうおに》ごっこ」とよばれていた。

ここに注目《ちゅうもく》!

野球《やきゅう》で一番《いちばん》盛《も》り上《あ》がる瞬間《しゅんかん》、といえばホームラン。外野《がいや》スタンドに向《む》かって一直線《いっちょくせん》に飛《と》ぶ打球《だきゅう》には、球場《きゅうじょう》にいるすべての人《ひと》の視線《しせん》を集《あつ》め、まるで球場全体《きゅうじょうぜんたい》の時間《じかん》をストップさせるような不思議《ふしぎ》な力《ちから》がある。だからこそ、「ホームランは野球《やきゅう》の華《はな》」といわれるのだ。

じつは

レスリング選手《せんしゅ》はヒゲはNGだが、仙人《せんにん》レベルの長《なが》いヒゲならOK!

するどいタックルや組《く》み合《あ》いなど、体《からだ》と体《からだ》のぶつかり合《あ》いが魅力《みりょく》のレスリング。だからこそ、その日《ひ》の最初《さいしょ》の試合前《しあいまえ》にしなければならないのが「ヒゲをきれいに剃《そ》っておく」こと。お父《とう》さんの無精《ぶしょう》ヒゲをチクチク、ジョリジョリとこすりつけられると嫌《いや》な気分《きぶん》になるように、選手《せんしゅ》もぶつかったときにヒゲが当《あ》たるのは嫌《いや》なんです。

「え?ヒゲを伸《の》ばしたレスリング選手《せんしゅ》を見《み》たことがある」という人《ひと》もいるかもしれません。実《じつ》はヒゲルールには続《つづ》きがあります。それは、「ヒゲは十分《じゅうぶん》な期間《きかん》伸《の》びたものでなくてはならない」というもの。長《なが》く伸《の》びていればジョリジョリと嫌《いや》な思《おも》いはしないからです。というわけで、仙人《せんにん》レベルまで伸《の》ばしてしまえば大丈夫《だいじょうぶ》。ただ、ヒゲを伸《の》ばしたからといって、仙人《せんにん》のように強《つよ》くなるかはわかりません。

レスリング

こんなスポーツ

直径《ちょっけい》9ｍの円形《えんけい》マットで選手《せんしゅ》が向《む》き合《あ》い、相《あい》手《て》を倒《たお》すなどでポイントを取《と》り合《あ》う競技《きょうぎ》。

発祥《はっしょう》や歴史《れきし》

世界《せかい》で最《もっと》も古《ふる》くから行《おこな》われたスポーツのひとつで、競技《きょうぎ》として成立《せいりつ》したのは、なんと紀元前《きげんぜん》3000年頃《ねんごろ》から。古代《こだい》オリンピックでは大人気《だいにんき》の種目《しゅもく》だった。近代オリンピックでも第《だい》1回《かい》アテネ大会《たいかい》から実施《じっし》。第《だい》2回大会《かいたいかい》をのぞき、現在《げんざい》までずっと行《おこな》われている。

ここに注目《ちゅうもく》！

道具《どうぐ》を使《つか》わず、自分《じぶん》の体《からだ》だけを使《つか》って相手《あいて》を倒《たお》す、とてもシンプルな格闘技《かくとうぎ》。全身《ぜんしん》を使《つか》うフリースタイルでは、タックルを連発《れんぱつ》するなど、スピード感《かん》あふれる戦《たたか》いに注目《ちゅうもく》。上半身《じょうはんしん》だけ使《つか》うグレコローマンでは、投《な》げ技《わざ》で勝敗《しょうはい》が決《き》まるなど、ダイナミックな戦《たたか》いが魅力《みりょく》。

じつは
バドミントンは審判《しんぱん》がジャッジに迷《まよ》うときは手《て》で目《め》を覆《おお》う！

近年《きんねん》、ますます進化《しんか》するスポーツ。ボールや選手《せんしゅ》の動《うご》きはより速《はや》く複雑《ふくざつ》になり、人《にん》間《げん》の目《め》では瞬時《しゅんじ》に判断《はんだん》できないことも増《ふ》えています。そこで、間違《まちが》いを防《ふせ》ぐ「ビデオ判定《はんてい》」はおなじみになりました。

ただ、すべての試合《しあい》でビデオ判定《はんてい》が導入《どうにゅう》できるわけではありません。バドミントンの場合《ばあい》、国際大会《こくさいたいかい》の大事《だいじ》な試合《しあい》ではビデオ判定《はんてい》ができても、小《ちい》さな大会《たいかい》では体育館《たいいくかん》で同時《どうじ》に何試合《なんしあい》も行《おこな》うのがあたりまえ。そのすべてでビデオ判定《はんてい》を導入《どうにゅう》するのは、技術《ぎじゅつ》的《てき》にもお金《かね》の面《めん》でもなかなか困難《こんなん》です。

そこで、線審《せんしん》が「入《はい》ったかどうか」で判《はん》断《だん》に迷《まよ》った場合《ばあい》の決《き》まりがあります。それは正直《しょうじき》に「見《み》えませんでした」の意味《いみ》で目《め》を覆《おお》うこと。この場合《ばあい》、「ノーカウント」でやり直《なお》しとなるか、主審《しゅしん》が独断《どくだん》で入《はい》ったかどうかを決《き》めることができるのです。

バドミントン

こんなスポーツ

わずか5gの羽根《はね》（シャトル）を打《う》ち合《あ》うスポーツ。1ゲームは21点制《てんせい》。

発祥《はっしょう》や歴史《れきし》

1820年代《ねんだい》のインドで盛《さか》んだった羽根《はね》を打《う》つ遊《あそ》び「プーナ」を発祥《はっしょう》とする説《せつ》や、19世紀中《せいきなか》ごろにイギリスのバドミントンという村《むら》で人気《にんき》だった遊《あそ》びが起源《きげん》ともいわれている。過去《かこ》には、打《う》ち合《あ》う回数《かいすう》を競《きそ》い、数多《かずおお》く打《う》ち合《あ》いをしたチームが勝《か》ちというルールがあったことも。

ここに注目《ちゅうもく》!

シャトルが何度《なんど》も行《い》ったり来《き》たりするラリーの応酬《おうしゅう》が魅力《みりょく》のバドミントン。相手《あいて》の嫌《いや》がる場所《ばしょ》を狙《ねら》って打《う》つなど、頭脳《ずのう》プレーやかけひきが面白《おもしろ》い。強打《きょうだ》の「スマッシュ」だけでなく、フワッと浮《う》かせる妙技《みょうぎ》「ヘアピン」など、緩急《かんきゅう》をうまく使《つか》うことが勝利《しょうり》への近道《ちかみち》だ。

じつは

マラソンの距離《きょり》は42・195㎞より長《なが》い！

これで42・195キロピッタリのはずだけど……
違《ちが》ってたらどうしよう……
もし違《ちが》ってたら……

マラソンといえば、42・195㎞。この中《ちゅう》途半端《とはんぱ》な数字《すうじ》がルールとして決《き》まったのは、1924年《ねん》の第《だい》8回《かい》パリオリンピックから。100年近《ねんちか》くつづく伝統《でんとう》なのです。

距離《きょり》のはかり方《かた》は規則《きそく》で決《き》まっていて、❶自転車《じてんしゃ》に専用《せんよう》カウンターをつけてはかる、❷50mのワイヤーロープをものさしがわりに、844回移動《かいいどう》させてはかる、のどちらか。とても手間《てま》と時間《じかん》（❷なら70時間《じかん》以上《いじょう》！）がかかるうえに、844回《かい》も移動《いどう》させれば、どうしても誤差《ごさ》がでてしまいます。だからといって、もし42・195㎞よりほんの少《すこ》しでも短《みじか》い場合《ばあい》、せっかく走《はし》ってすごい記録《きろく》を出《だ》しても「参考記録《さんこうきろく》」として正式《せいしき》なタイムにはなりません。そんな悲《かな》しい結果《けっか》を防《ふせ》ぐため、42m（マラソンの距離《きょり》の0.1%）までは長《なが》くしてもいい、ということになったのです。

マラソン

こんなスポーツ

陸上《りくじょう》・長距離走《ちょうきょりそう》の人気種目《にんきしゅもく》。一般《いっぱん》の道《みち》に設《せっ》定《てい》された42.195kmのコースを走《はし》りぬく。

発祥《はっしょう》や歴史《れきし》

紀元前《きげんぜん》490年《ねん》、「マラトンの戦《たたか》い」での勝利報《しょうりほう》告《こく》のため、マラトンからアテナイ（現在《げんざい》のアテネ）までの約《やく》40kmを走《はし》り抜《ぬ》き、力《ちから》尽《つ》きて死《し》んでしまった兵士《へいし》がいたという。この伝説《でんせつ》にちなみ、第《だい》1回《かい》アテネオリンピックで、長距離走《ちょうきょりそう》「マラソン」が誕生《たんじょう》した。

ここに注目《ちゅうもく》！

トップ選手《せんしゅ》でも2時間以上《じかんいじょう》走《はし》り続《つづ》けるマラソン。最後《さいご》まで走《はし》りきるスタミナが大事《だいじ》なのはもちろん、あえて集団《しゅうだん》を作《つく》って体力《たいりょく》を温存《おんぞん》したり、どこでスパートするかの揺《ゆ》さぶりをかけたり、さらには給水《きゅうすい》のタイミングなど、勝《か》つためには戦略《せんりゃく》やかけひきも重要《じゅうよう》なのだ。

じつは 野球《やきゅう》はどんなに短《みじか》いバットを使《つか》っても良《よ》い！

選手《せんしゅ》によって、太《ふと》さも長《なが》さもまちまちな野球《やきゅう》のバット。規則《きそく》では、長《なが》さは106・7cm以下《いか》、太《ふと》さは最《もっと》も太《ふと》い部分《ぶぶん》の直径《ちょっけい》が6.6cm以下《いか》、ということは決《き》められています。でも、「〇〇cm以上《いじょう》」という決《き》まりはありません。つまり、どんなに短《みじか》くても細《ほそ》くても（打《う》てるかどうかは別《べつ》にして）、規則上《きそくじょう》は問題《もんだい》ない、となります。ちなみに、ホームラン打《だ》者《しゃ》なら長《なが》いバットを、当《あ》てることを重視《じゅうし》する打者《だしゃ》なら短《みじか》めのバットを使《つか》う、というのが一般的《いっぱんてき》です。

　また、バットの持《も》ち方《かた》にも決《き》まりはありません。過去《かこ》には、相手投手《あいてとうしゅ》がちゃんと勝《しょう》負《ぶ》をしないことに腹《はら》を立《た》て、抗議《こうぎ》の意味《いみ》でバットを逆《さか》さまに、つまり本来《ほんらい》はボールを当《あ》てる太《ふと》い部分《ぶぶん》を握《にぎ》って打席《だせき》に立《た》った選手《せんしゅ》や、バットを持《も》たずに手《て》ぶらで打席《だせき》に入《はい》って球場中《きゅうじょうじゅう》を驚《おどろ》かせた選手《せんしゅ》もいました。

おまけのじつは

打球飛距離《だきゅうひきょり》を伸《の》ばしたいなら…禁断《きんだん》の「コルク入りバット」

プロ野球選手《やきゅうせんしゅ》が使《つか》う木製《もくせい》バットは、木《き》の素材《そざい》として「アオダモ」「ホワイトアッシュ」「メイプル」の3種類《しゅるい》から選《えら》ばれるのが一般的《いっぱんてき》。それぞれ、バットのしなり具合《ぐあい》や反発力《はんぱつりょく》が異《こと》なるため、選手《せんしゅ》の好《この》みによって使《つか》い分《わ》けられている。

過去《かこ》には、打球《だきゅう》の飛距離《ひきょり》を伸《の》ばそうと、「コルク入《い》りバット」を使《つか》った選手《せんしゅ》もいた。バットの先端《せんたん》にドリルで穴《あな》をあけてコルクを詰《つ》めると、バットが軽《かる》くなってスイングスピードが速《はや》くなり、さらにはバットに弾力部分《だんりょくぶぶん》ができて打球飛距離《だきゅうひきょり》が伸《の》びるのだ。もちろん、これは禁止《きんし》されている不正《ふせい》バット。見《み》つかれば出場停止処分《しゅつじょうていししょぶん》などの重《おも》い罰《ばつ》が下《くだ》される。打球《だきゅう》の飛距離《ひきょり》は自分《じぶん》の努力《どりょく》で伸《の》ばそう！

じつは！

フィギュアスケートは脇毛《わきげ》や胸毛《むなげ》が見《み》えたら減点《げんてん》！

まるでお姫様《ひめさま》や王子様《おうじさま》のように華《はな》やかなものが多《おお》いフィギュアスケートの衣装《いしょう》。でも、実《じつ》はさまざまな規則《きそく》があるんです。

例《たと》えば、羽根《はね》をちりばめたような衣装《いしょう》で滑《すべ》る選手《せんしゅ》もいますが、羽根《はね》1枚《まい》でも演技中《えんぎちゅう》に落下《らっか》したら減点《げんてん》。転《ころ》んだ場合《ばあい》と同《おな》じ「1.0点《てん》」のマイナスとなります。衣装《いしょう》の一部《いちぶ》や髪飾《かみかざ》りなどの落下《らっか》も減点《げんてん》に。そのため、衣《い》装《しょう》を彩《いろど》る装飾品《そうしょくひん》は、何《なに》があっても落《お》ちないように固定《こてい》されているのです。また、男子《だんし》選手《せんしゅ》の場合《ばあい》、タイツの着用《ちゃくよう》は禁止《きんし》で長《なが》ズボンしか認《みと》められていません。

そもそも肌《はだ》を見《み》せすぎてもダメで、「脇《わき》毛《げ》」「胸毛《むなげ》」が見《み》えたら減点対象《げんてんたいしょう》に。一見《いっけん》、胸元《むなもと》や背中《せなか》が大《おお》きく開《ひら》いて肌《はだ》が見《み》えているような大胆《だいたん》な衣装《いしょう》も、よく見《み》れば肌色《はだいろ》の布《ぬの》なんです。どれも「美《び》」を競《きそ》うフィギュアスケートならではの規則《きそく》といえます。

フィギュアスケート

こんなスポーツ

スケートリンクの上《うえ》で音楽《おんがく》に合《あ》わせながら、ステップ、スピン、ジャンプなどの技《わざ》を披露《ひろう》して、美《うつく》しさや技術《ぎじゅつ》を競《きそ》う競技《きょうぎ》。

発祥《はっしょう》や歴史《れきし》

氷《こおり》の上《うえ》を移動《いどう》するために、動物《どうぶつ》の骨《ほね》を削《けず》って靴《くつ》に取《と》り付《つ》けたのがスケート靴《ぐつ》のはじまり。それから、移動《いどう》するスピードを競《きそ》ったり、氷上《ひょうじょう》でダンスをしたりと、スケートの種目《しゅもく》は増《ふ》えていき、フィギュアスケートが生《う》まれた。

ここに注目《ちゅうもく》!

リズミカルなステップ、すばやいスピン（同《おな》じ場所《ばしょ》で回転《かいてん》すること）など、氷《こおり》の上《うえ》とは思《おも》えない美《うつく》しい動《うご》きはどれも必見《ひっけん》。そして、フィギュアの華《はな》といえば豪快《ごうかい》なジャンプ。何回転《なんかいてん》したか、キレイに回転《かいてん》できたか、転《ころ》ばずに着地《ちゃくち》できたか、採点対象《さいてんたいしょう》は実《じつ》に細《こま》かい。

じつは！ 卓球《たっきゅう》の試合《しあい》でタオルで汗《あせ》を拭《ふ》けるのは点数《てんすう》の合計《ごうけい》が6の倍数《ばいすう》のときだけ！

1ゲーム11点制《てんせい》の卓球《たっきゅう》。はげしいラリーの応酬《おうしゅう》は、見《み》る者《もの》も、もちろん選手《せんしゅ》も手《て》に汗《あせ》にぎる展開《てんかい》です。でも、その汗《あせ》をタオルで拭《ふ》くタイミングはなんと規則《きそく》で決《き》まっているんです。「3−3」や「6−0」「9−9」など、お互《たが》いの点数《てんすう》の合計《ごうけい》が「6の倍数《ばいすう》」のときにだけ認《みと》められています。

この規則《きそく》ができたのは時間短縮《じかんたんしゅく》のため。以前《いぜん》の卓球《たっきゅう》は「21点制《てんせい》」で、計《けい》5本《ほん》ごとにサービスチェンジし、そこでタオルが使《つか》えました。今《いま》の11点制《てんせい》は2本《ほん》ごとのサービスチェンジ。同《おな》じようにサービスチェンジのたびにタオルを使《つか》うのはさすがに多《おお》すぎる、と「6の倍数《ばいすう》」に決《き》まりました。

でも、選手《せんしゅ》の汗《あせ》は点数《てんすう》に関係《かんけい》なく出《で》てきます。試合中《しあいちゅう》の選手《せんしゅ》たちをよく見《み》ると、卓《たっ》球台《きゅうだい》のネット近《ちか》くをにぎにぎ……実《じつ》はこのとき、卓球台《たっきゅうだい》で手汗《てあせ》を拭《ふ》いているのです。

おまけのじつは

幼児《ようじ》からお年寄《としよ》りまで…世界《せかい》の競技人口《きょうぎじんこう》はなんと3億人《おくにん》

「ピンポン」の愛称《あいしょう》でも知《し》られる卓球《たっきゅう》。その競技人口《きょうぎじんこう》は日本《にほん》で30万人以上《まんにんいじょう》、全《ぜん》世界《せかい》では3億人《おくにん》ともいわれている。人気《にんき》競技《きょうぎ》のサッカーが2億《おく》5000万人《まんにん》、テニスが1億人《おくにん》。卓球《たっきゅう》はそれらを上回《うわまわ》る超人気《ちょうにんき》スポーツなのだ。また、遊《あそ》び感覚《かんかく》で楽《たの》しむ人《ひと》も入《い》れれば日本《にほん》で100万人《まんにん》、全世界《ぜんせかい》で8億人《おくにん》とも。この数《かず》は、世界《せかい》の約《やく》10人《にん》に1人《り》は卓球《たっきゅう》をしている計算《けいさん》になる。

競技人口《きょうぎじんこう》が多《おお》い理由《りゆう》は、年齢《ねんれい》に関係《かんけい》なく楽《たの》しめるから。おじいちゃんやおばあちゃんも活躍中《かつやくちゅう》で、一流選手《いちりゅうせんしゅ》なら2、3歳《さい》からはじめていたケースがほとんど。「卓球王国《たっきゅうおうこく》」とよばれる中国《ちゅうごく》では3000万《まん》人以上《にんいじょう》がプレーする。これだけの数《かず》が競《きそ》い合《あ》うから、中国《ちゅうごく》はいつも強《つよ》いのだ。

じつは

陸上競技《りくじょうきょうぎ》のスタートはピストルと同時《どうじ》スタートだとフライングとなる！

陸上競技《りくじょうきょうぎ》の短距離走《たんきょりそう》は「スタートが命《いのち》」ともいわれます。1秒《びょう》どころか100分《ぶん》の1秒《びょう》を争《あらそ》う世界《せかい》のため、スタートの出遅《でおく》れを取《と》り戻《もど》すのは大変《たいへん》だからです。だからといって、スタートが早《はや》すぎるのも考《かんが》えもの。実《じっ》は規則《きそく》で、ピストルが鳴《な》ってから0.1秒以《びょうい》内《ない》にスタートしたらフライング（不正《ふせい》スタート）と決《き》まっているんです。

なぜ「0.1秒以内《びょういない》」はダメなのかというと、人間《にんげん》が音《おと》を聞《き》いてから体《からだ》を動《うご》かすまでに最《さい》低《てい》でも0.1秒《びょう》はかかる、という理由《りゆう》から。つまり、0.1秒以内《びょういない》のスタートは「音《おと》を聞《き》く前《まえ》にスタートした」と判断《はんだん》されてしまうのです。

ちなみに、0.1秒以内《びょういない》かどうかは、スタートのときに足《あし》をかける「スターティングブロック」に加《くわ》わる圧力《あつりょく》でセンサーが反応《はんのう》して判定《はんてい》します。不正《ふせい》は逃《のが》しません。

陸上《りくじょう》トラック競技《きょうぎ》

こんなスポーツ

短距離走《たんきょりそう》やリレーなど、競技場《きょうぎじょう》の中《なか》の周回《しゅうかい》コースで競《きそ》うのがトラック競技《きょうぎ》。

発祥《はっしょう》や歴史《れきし》

大昔《おおむかし》の古代《こだい》オリンピックで、最初《さいしょ》にはじまったといわれているのが徒競走《ときょうそう》だ。1スタディオン（約《やく》192ｍ）とよばれる直線《ちょくせん》コースを全力《ぜんりょく》で走《はし》り抜《ぬ》ける競技《きょうぎ》で、早《はや》くゴールしようとしてフライングすると、ムチで打《う》たれるなどの罰《ばつ》があったという。

ここに注目《ちゅうもく》!

トラック競技《きょうぎ》には「追《お》い風参考記《かぜさんこうき》録《ろく》」というものがある。走《はし》る方向《ほうこう》にふく追《お》い風《かぜ》が秒速《びょうそく》2.0ｍ以上《いじょう》なら、どんなにいい記録《きろく》でも公認《こうにん》されない（順位《じゅんい》は認《みと》められる）。逆《ぎゃく》にいえば、それだけ風《かぜ》の影響《えいきょう》も大《おお》きいということ。風《かぜ》を制《せい》する者《もの》がトラック競技《きょうぎ》を制《せい》する！

じつは！

野球《やきゅう》の「※振《ふ》り逃《に》げ」は振《ふ》らなくても逃《に》げられる！

※一塁走者《いちるいそうしゃ》がいない場合《ばあい》、もしくはいても2アウトの場合《ばあい》

スポーツでは「最後《さいご》まであきらめてはいけない」という場面《ばめん》がよくあります。野球《やきゅう》なら、三振《さんしん》した！と思《おも》っても、キャッチャーがボールを取《と》り損《そこ》ねていたら、打者《だしゃ》はキャッチャーが投《な》げるボールよりも先《さき》に一塁《いちるい》ベースにたどりつければ、いわゆる「振《ふ》り逃《に》げ」としてアウトにならずにすみます。

「振《ふ》り逃《に》げ」という名前《なまえ》から誤解《ごかい》されがちですが、見逃《みのが》し三振《さんしん》、つまり、バットを振《ふ》らずに三振《さんしん》したときでも、キャッチャーがボールを落《お》としたり、ワンバウンドしてからキャッチした場合《ばあい》なら振《ふ》り逃《に》げチャンス！　すぐにあきらめるのではなく、ボールの状態《じょうたい》がどうかを確認《かくにん》することが大事《だいじ》になります。また、相手《あいて》が油断《ゆだん》していれば、一塁《いちるい》よりも先《さき》の塁《るい》へ進《すす》んでも大丈夫《だいじょうぶ》。過去《かこ》には、振《ふ》り逃《に》げでホームランとなる記録《きろく》が生《う》まれたこともあります。

おまけのじつは

野球《やきゅう》が9回《かい》までのイニング制《せい》なのは料理人《りょうりにん》からのお願《ねが》いだった!?

長《なが》い時間《じかん》をかけて変化《へんか》してきた野球規則《やきゅうきそく》。現在《げんざい》の原型《げんけい》といわれているのは、1845年《ねん》にアメリカ・ニューヨークのニッカーボッカー・ベースボールクラブがつくったルールだ。当時《とうじ》は21点《てん》とらないと試合終了《しあいしゅうりょう》にならないなど、今《いま》とは違《ちが》うルールがたくさんあった。

ではなぜ、野球《やきゅう》は9回《かい》までのイニング制《せい》になったのか。試合後《しあいご》に食事《しょくじ》をするのがならわしだった当時《とうじ》、21点《てん》とるまで待《ま》っていると、いつ料理《りょうり》を出《だ》せばいいか予測《よそく》がつかない。そこで、チームの料理人《りょうりにん》が「あらかじめ試合終了時間《しあいしゅうりょうじかん》がわかるようにしてほしい」と言《い》いだし、だいたいの終了時間《しゅうりょうじかん》がわかるよう、イニング制《せい》が導入《どうにゅう》されることになったのだった。

じつは 水球《すいきゅう》は爪《つめ》が長《なが》いと試合《しあい》に出《で》られない！

「水中《すいちゅう》の格闘技《かくとうぎ》」ともよばれるはげしいスポーツ、水球《すいきゅう》。選手《せんしゅ》たちはプールの底《そこ》に足《あし》をつけず、8分間《ぷんかん》×4ピリオド（区切《くぎ》り）も泳《およ》ぎ続《つづ》けてゴールを狙《ねら》います。

「格闘技《かくとうぎ》」とよばれる最大《さいだい》の理由《りゆう》は、ボールを持《も》っている選手《せんしゅ》にぶつかっても反則《はんそく》にならない、という規則《きそく》があるからです（※ただし、ボールを持《も》っていない選手《せんしゅ》にぶつかるのは反則《はんそく》）。水面《すいめん》を優雅《ゆうが》に泳《およ》ぐ白鳥《はくちょう》が実《じつ》は水《みず》の中《なか》で足《あし》をはげしく動《うご》かしているように、水球選手《すいきゅうせんしゅ》たちも水《みず》の中《なか》では「ひじ打《う》ち」や「蹴《け》り合《あ》い」をしてボールを奪《うば》い合《あ》っているのです。ただ、水中《すいちゅう》で出血《しゅっけつ》しては大変《たいへん》！　そこで、切《き》り傷《きず》ができないように、試合前《しあいまえ》には必《かなら》ず審判《しんぱん》による爪《つめ》の長《なが》さチェックがあります。もし、審判《しんぱん》が問題《もんだい》ありと思《おも》う長《なが》さだった場合《ばあい》は、すぐに切《き》るように指《し》示《じ》を受《う》けることになります。

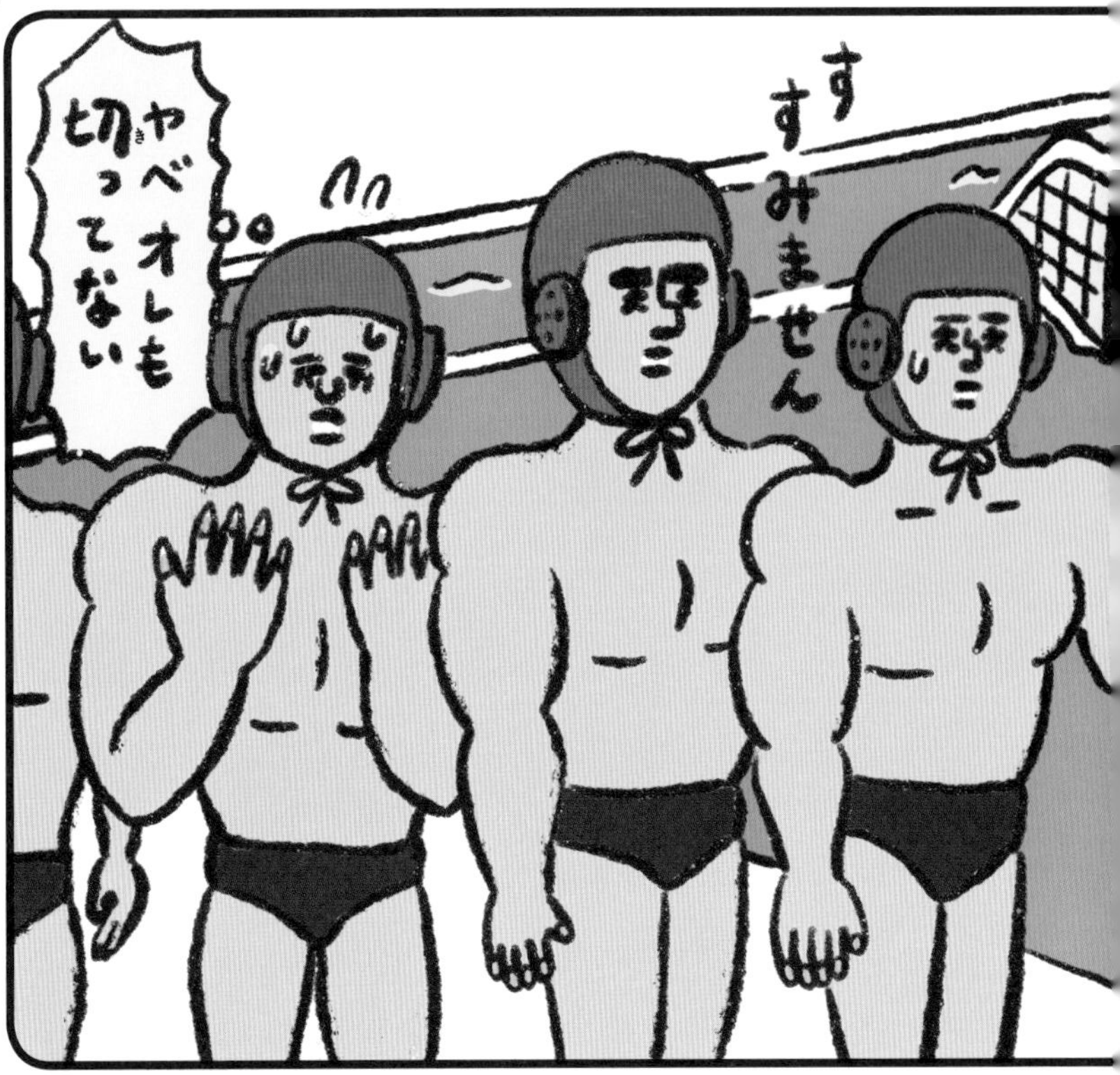

水球《すいきゅう》

こんなスポーツ

1チーム7人《にん》。プールに作《つく》った縦《たて》30ｍ×横《よこ》20ｍのコートで得点《とくてん》を競《きそ》い合《あ》う。

発祥《はっしょう》や歴史《れきし》

サッカーの母国《ぼこく》イギリスで「プールで楽《たの》しむサッカーのような遊《あそ》び」として盛《さか》んになり、1870年《ねん》に「水中《すいちゅう》フットボール」としてルールが制定《せいてい》されたのが起源《きげん》といわれる。1900年《ねん》の第《だい》2回《かい》パリオリンピックに早《はや》くも登場《とうじょう》。ただし、プールではなく、川《かわ》で行《おこな》われた。

ここに注目《ちゅうもく》！

水球《すいきゅう》では、ボールを持《も》ったら30秒以内《びょういない》にシュートしなければならない。そのため、展開《てんかい》はとてもスピーディ。時間内《じかんない》にゴールを狙《ねら》うには華麗《かれい》なパスワークとチームワークも重要《じゅうよう》になる。また、シュートは男《だん》子《し》選手《せんしゅ》なら時速《じそく》70㎞以上《いじょう》。豪快《ごうかい》なシュートも必見《ひっけん》だ。

じつは

バレーボールは足《あし》も頭《あたま》も使《つか》って良《よ》い!

強烈《きょうれつ》なスパイクを打《う》ったり、トスを上《あ》げたり、ダイブしてボールを拾《ひろ》ったり。コートのあっちへこっちへとボールが行《い》き交《か》うのがバレーボールです。では、足元《あしもと》に落《お》ちそうなボールを思《おも》わず蹴《け》りあげてしまったら……実《じつ》はこれ、まったく問題《もんだい》ありません。バレーボールは手《て》を使《つか》うスポーツ、と思《おも》われがちですが、サーブ以外《いがい》は全身《ぜんしん》のどこでボールにさわってもいいんです。顔面《がんめん》でボールを受《う》けても問題《もんだい》ありません。

この「全身《ぜんしん》どこでさわってもOK」は、1995年《ねん》のルール改定《かいてい》で決《き》まったもの。ただ、実際《じっさい》に足《あし》を使《つか》う場面《ばめん》は1試合《しあい》に一度《いちど》あるかないかの珍《めずら》しいプレーなので、意外《いがい》と知《し》られていないルールといえます。だからこそ、これは無理《むり》だ!と思《おも》ったボールを足《あし》ですくい上《あ》げて得点《とくてん》につなげれば、一気《いっき》に盛《も》り上《あ》がること間違《まちが》いなしです。

バレーボール

こんなスポーツ

2チームがネットをはさんでボールを打《う》ち合《あ》う球技《きゅうぎ》。ボールを床《ゆか》に落《お》とさないように、3打《だ》以内《いない》で相手《あいて》コートに入《い》れる。6人制《にんせい》と9人制《にんせい》があり、ルールやコートの広《ひろ》さ等《など》が異《こと》なる。

発祥《はっしょう》や歴史《れきし》

1895年にアメリカで誕生《たんじょう》。テニスをヒントにしつつ、バスケットボールのように選手《せんしゅ》がぶつからず、子《こ》どもからお年寄《としよ》りまで誰《だれ》でも楽《たの》しめるスポーツとして広《ひろ》まった。

ここに注目《ちゅうもく》!

背《せ》が高《たか》い人《ひと》、ジャンプ力《りょく》のある人《ひと》が有利《ゆうり》なバレーボール。でも、背《せ》が低《ひく》くても活躍《かつやく》できるのが、一人《ひとり》だけユニフォームの色《いろ》が異《こと》なる守《しゅ》備《び》専門《せんもん》のポジション「リベロ」だ。何度《なんど》でもボールに向《む》かっていける“粘《ねば》り強《づよ》い守備力《しゅびりょく》”を磨《みが》いていけば、世界《せかい》の舞台《ぶたい》も夢《ゆめ》ではない。

じつは

走幅跳《はしりはばとび》の助走《じょそう》はどんなに長《なが》くても良《よ》い！

「ロングジャンプ」の名称《めいしょう》でも親《した》しまれている走幅跳《はしりはばとび》。誰《だれ》よりも遠《とお》くにジャンプするために重要《じゅうよう》なのが「助走《じょそう》」です。しっかりとスピードに乗《の》り、しかも、踏《ふ》み切《き》り板《ばん》を過《す》ぎて跳《と》ぶと失格《しっかく》になるので、選手《せんしゅ》は板《いた》を越《こ》えないように、ギリギリまでジャンプをガマンする必要《ひつよう》があります。

　この助走《じょそう》、「何《なん》m以上《いじょう》は禁止《きんし》」や「何《なん》m以《い》内《ない》」などの決《き》まりは特《とく》にありません。国際《こくさい》陸上競技連盟《りくじょうきょうぎれんめい》の規則《きそく》では、「助走路《じょそうろ》は最低《さいてい》40mを確保《かくほ》しなければならない」とされていますが、これは競技場《きょうぎじょう》の設備《せつび》を作《つく》る上《うえ》で定《さだ》めたもの。実際《じっさい》にはどれだけ長《なが》く助走《じょそう》しても大丈夫《だいじょうぶ》です。といっても、全速力《ぜんそくりょく》のスピードを維持《いじ》できるのは一般的《いっぱんてき》に30m程度《ていど》。長《なが》ければ長《なが》いほどいいというわけではなく、それぞれに合《あ》った距離《きょり》を見《み》つけるのが重要《じゅうよう》です。

走《はしり》幅《はば》跳《とび》

こんなスポーツ

助走《じょそう》をつけて、踏《ふ》み切《き》りラインより手前《てまえ》から勢《いきお》いよく跳《と》んで、その距離《きょり》を競《きそ》う。ケガをしないようにやわらかい砂場《すなば》で行《おこな》われる。

発祥《はっしょう》や歴史《れきし》

はるか昔《むかし》に開《ひら》かれた古代《こだい》オリンピック。当時《とうじ》は「ペンタスロン」とよばれる五種目競技《ごしゅもくきょうぎ》があった。短距離競走《たんきょりきょうそう》、円盤投《えんばんな》げ、やり投《な》げ、レスリングと合《あ》わせて、ひとりの選手《せんしゅ》が走幅跳《はしりはばとび》もこなしていたという記録《きろく》がある。

ここに注目《ちゅうもく》!

走《はし》ってジャンプするだけ、という一《いっ》見《けん》とても単純《たんじゅん》な走幅跳《はしりはばとび》。実際《じっさい》には「助走《じょそう》」「踏《ふ》み切《き》り」「空中動作《くうちゅうどうさ》」「着《ちゃく》地《ち》」と4つのポイントがある。助走《じょそう》でいかにスピードに乗《の》れるか、踏《ふ》み切《き》りのタイミング、空中《くうちゅう》での姿《し》勢《せい》、無駄《むだ》のない着地《ちゃくち》。それぞれに高度《こうど》な技《わざ》があるのだ。

じつは

マラソン途中《とちゅう》でうんこをしたくなったらトイレに寄《よ》り道《みち》して良《よ》い!

一流選手《いちりゅうせんしゅ》でも2時間以上走《じかんいじょうはし》り続《つづ》けるマラソン。もし、途中《とちゅう》でトイレに行《い》きたくなったら棄権《きけん》するしかない!? いいえ、大丈夫《だいじょうぶ》。一度《いちど》コースから外《はず》れても、またもとの場所《ばしょ》に戻《もど》ってくればOK。大会《たいかい》によっては、コース途中《とちゅう》に選手用《せんしゅよう》の仮設《かせつ》トイレが設置《せっち》されています。ただ、記録《きろく》を狙《ねら》うランナーは〝走《はし》りながら出《だ》しちゃう〟ことも。

1972年《ねん》ミュンヘンオリンピックのマラソン金《きん》メダリスト、フランク・ショーター選手《せんしゅ》は、この翌年《よくねん》、日本《にほん》のマラソン大会《たいかい》に出場《しゅつじょう》。ところが、レース中《ちゅう》にトイレに行《い》きたくなる緊急事態《きんきゅうじたい》におちいります。こまったショーター選手《せんしゅ》は、観客《かんきゃく》が持《も》っていた応援用《おうえんよう》の小旗《こばた》を何枚《なんまい》か引《ひ》きちぎり、コース脇《わき》の草《くさ》むらへ……。こんなアクシデントがあったのに、なんと大会新記録《たいかいしんきろく》で優勝《ゆうしょう》!やっぱり金《きん》メダリストはすごいんですね。

おまけのじつは

42.195kmになったのは 王妃《おうひ》のわがままから!?

第《だい》8回《かい》パリオリンピックからマラソンの正式《せいしき》な距離《きょり》となった「42.195km」。この距離《きょり》になったきっかけは第《だい》4回《かい》ロンドンオリンピックにあった。もともとは、王様《おうさま》の住《す》む城《しろ》の正門《せいもん》から競技場《きょうぎじょう》まで（約《やく》40km）でレースを計画《けいかく》。ところが、これに待《ま》ったをかけたのが王妃様《おうひさま》。「スタートは城《しろ》の庭《にわ》で見《み》たい」とわがままを言《い》ったため、スタート地点《ちてん》を正門《せいもん》から庭《にわ》まで移《うつ》すことに。距離《きょり》をはかってみたら、たまたま「42.195km」だった。

今《いま》となっては王妃《おうひ》が本当《ほんとう》に言《い》ったかどうかの証拠《しょうこ》はないが、レースは歴史的《れきしてき》な激闘《げきとう》に。のちに正式《せいしき》な距離《きょり》を決《き》めるにあたって、「盛《も》り上《あ》がったロンドン大会《たいかい》の距離《きょり》にしよう」と決《き》まったのだ。

じつは! 野球《やきゅう》は打順《だじゅん》をまちがえてもバレなければOK!

野球《やきゅう》の攻撃《こうげき》では、1番打者《ばんだしゃ》から9番打者《ばんだしゃ》まで、打《う》つ順番《じゅんばん》が決《き》まっています。3つのアウトを取《と》られて攻撃《こうげき》が終《お》わった場合《ばあい》、次《つぎ》の攻撃《こうげき》では、先《さき》ほど最後《さいご》にアウトになった人《ひと》の次《つぎ》の打者《だしゃ》から打席《だせき》に立《た》つことになります。

でももし、自分《じぶん》の打順《だじゅん》を間違《まちが》え、他《ほか》の人《ひと》の打順《だじゅん》でボールを打《う》ってしまったら? これは相手《あいて》チーム(守備側《しゅびがわ》)が間違《まちが》いに気《き》づくかどうかがポイントになります。もし、次《つぎ》の打者《だしゃ》が入《はい》る前《まえ》に気《き》づいて審判《しんぱん》にアピールすれば、たとえヒットを打《う》っていてもアウトがひとつ加《くわ》わります。ただ、もし相手《あいて》チームが気《き》づかなかったり、審判《しんぱん》へのアピールが次《つぎ》の打者《だしゃ》に一球《いっきゅう》でも投《な》げたあとだったら、アウトにはならず、試合《しあい》はそのまま続《ぞっ》行《こう》となります。なお、打順間違《だじゅんまちが》いをアピールできるのは相手《あいて》チームだけ。審判《しんぱん》は気《き》づいても指摘《してき》することはありません。

おまけのじつは

試合《しあい》の途中《とちゅう》で審判《しんぱん》がトイレに行《い》きたくなったらどうするの？

プロ野球《やきゅう》の試合時間《しあいじかん》は、1試合《しあい》あたり約《やく》3時間《じかん》。そんな長《なが》い時間《じかん》、立《た》ったままの審判《しんぱん》たち。もし、試合中《しあいちゅう》にトイレに行《い》きたくなったらどうするのだろう？

昔《むかし》、ある試合《しあい》で、二塁《にるい》の審判《しんぱん》がトイレに行《い》きたくなった。そのとき、打球《だきゅう》はライト方向《ほうこう》へ。その審判《しんぱん》も打球《だきゅう》を追《お》いかけて外野《がいや》へ。「ちょっと代《か》わってくれ」と近《ちか》くにいた外野《がいや》の審判《しんぱん》に声《こえ》をかけて、そのままトイレに直行《ちょっこう》。外野審判《がいやしんぱん》が二塁塁審《にるいるいしん》を代《か》わりに務《つと》め、その間《かん》、外野審判《がいやしんぱん》がひとりいない状態《じょうたい》に。運《うん》よく、そこに打球《だきゅう》は飛《と》ばず、問題《もんだい》にはならなかったという。

今《いま》は5回終了時《かいしゅうりょうじ》のグラウンド整備《せいび》のときに審判《しんぱん》も休憩《きゅうけい》をとれるので、それほどガマンしなくても大丈夫《だいじょうぶ》なようだ。

じつは

フィギュアスケートは縦回転《たてかいてん》ジャンプは反則《はんそく》！

採点競技《さいてんきょうぎ》のフィギュアスケートでは、トップ選手《せんしゅ》になるほどステップやスピンでは差《さ》が出《で》にくいもの。そのため、国際大会《こくさいたいかい》などの大《おお》きな試合《しあい》で勝《か》つには、どうしてもジャンプの比重《ひじゅう》が大《おお》きくなります。世界《せかい》レベルでは3回転《かいてん》4回転《かいてん》も当《あ》たり前《まえ》。どれだけキレイに決《き》めたかどうかが鍵《かぎ》になります。

でも、フィギュアのジャンプが横回転《よこかいてん》だけ……つまり、バック転《てん》などの縦回転《たてかいてん》がないのはなぜでしょう？　これは、失敗《しっぱい》すれば頭《あたま》から氷《こおり》に落下《らっか》してしまう危険性《きけんせい》を考《かんが》え、正式《せいしき》な試合《しあい》では禁止《きんし》されているからです。

そのため、正式《せいしき》な試合《しあい》ではない大会最後《たいかいさいご》のエキシビションでは、たまにバック転《てん》を披《ひ》露《ろう》する選手《せんしゅ》もいます。また、過去《かこ》には「ちゃんと採点《さいてん》して！」と抗議《こうぎ》の意味《いみ》で、オリンピックでバック転《てん》をした選手《せんしゅ》がいましたが、もちろん減点《げんてん》となりました。

おまけのじつは

フィギュアスケートは 夏季大会《かきたいかい》の種目《しゅもく》だった!?

冬《ふゆ》のオリンピックの花形競技《はながたきょうぎ》であるフィギュアスケート。だが、はじめてオリンピックに採用《さいよう》されたのは、1908年《ねん》の第《だい》4回《かい》夏季《かき》ロンドンオリンピック。当時《とうじ》の最新《さいしん》技術《ぎじゅつ》を用《もち》いて、屋内《おくない》にスケートリンクを設置《せっち》して競技《きょうぎ》が実施《じっし》された。

ただ、このロンドン大会《たいかい》は“夏季《かき》”といっても開催期間《かいさいきかん》が4月末《がつまつ》から10月末《がつまつ》までの半年間《はんとしかん》と異様《いよう》に長《なが》く、フィギュアスケートは閉幕寸前《へいまくすんぜん》の10月末《がつまつ》に実施《じっし》。この時期《じき》のイギリス・ロンドンなら、それなりに寒《さむ》かった、ともいえる。

なお、冬季《とうき》オリンピックが始《はじ》まったのは、1924年《ねん》のシャモニーオリンピックから。この大会《たいかい》でフィギュアスケートは冬季《とうき》大会《たいかい》の正式種目《せいしきしゅもく》となった。

じつは

ゴルフの審判《しんぱん》は自分自身《じぶんじしん》!

野球《やきゅう》なら「球審《きゅうしん》」、サッカーなら「主審《しゅしん》」、格闘技《かくとうぎ》なら「レフェリー」、相撲《すもう》なら「行司《ぎょうじ》」……呼《よ》び名《な》は違《ちが》えど、スポーツでは「審判《しんぱん》」の存在《そんざい》が不可欠《ふかけつ》。審判《しんぱん》がいることで、ルールが正《ただ》しく守《まも》られているか、勝敗《しょうはい》がどちらかを判断《はんだん》することができます。

ただ、ゴルフだけは違《ちが》います。ゴルフでは競技者自身《きょうぎしゃじしん》が審判役《しんぱんやく》を務《つと》めるのが決《き》まりで、何打《なんだ》でカップに入《い》れたのか、自分自身《じぶんじしん》でスコアカードに記入《きにゅう》しなければなりません。これは、ゴルフという競技《きょうぎ》が「故意《こい》に(わざと)不正《ふせい》することはあり得《え》ない」という信頼関係《しんらいかんけい》で成《な》り立《た》っているから。そのため「ゴルフは紳士淑女《しんししゅくじょ》のスポーツ」とも呼《よ》ばれます。スコアは多《おお》く間違《まちが》う分《ぶん》には罰《ばっ》もありませんが、わざとでもうっかりでも、少《すく》ないスコアで提出《ていしゅつ》してそれがバレたら、失格《しっかく》という重《おも》い処分《しょぶん》が待《ま》っています。

ゴルフ

こんなスポーツ

クラブでボールを打《う》ちながら、いかに少《すく》ない打数《だすう》で直径《ちょっけい》10.8㎝の穴《あな》に入《い》れることができるかを競《きそ》うスポーツ。

発祥《はっしょう》や歴史《れきし》

12世紀《せいき》のスコットランドで、羊飼《ひつじか》いたちがひまつぶしにはじめたのが起源《きげん》といわれている。羊《ひつじ》を追《お》いながら、先《さき》の曲《ま》がった杖《つえ》で打《う》った小《こ》石《いし》が、たまたま野《の》うさぎの住《す》み家《か》の穴《あな》に入《はい》ったのがはじまりだという。

ここに注目《ちゅうもく》!

小《ちい》さなボールを狙《ねら》った場所《ばしょ》に打《う》つ技術《ぎじゅつ》は必見《ひっけん》。ほかの球技《きゅうぎ》とは違《ちが》い、止《と》まっているボールを打《う》つのだが、これがなかなか難《むずか》しい。それぞれ距離《きょり》や風向《かざむ》きが異《こと》なる18ホールを少《すく》ない打数《だすう》で攻略《こうりゃく》するため、何種類《なんしゅるい》かのクラブを使《つか》い分《わ》ける作戦《さくせん》や頭脳《ずのう》プレーも重要《じゅうよう》になる。

じつは

レスリング選手《せんしゅ》は試合中《しあいちゅう》、白《しろ》いハンカチを持《も》っていなければならない！

大昔《おおむかし》の古代《こだい》オリンピックの頃《ころ》から人気《にんき》のあったレスリング。そんな伝統《でんとう》があるからか、「なぜ？」という謎《なぞ》ルールがいくつかあります。「選手《せんしゅ》は白《しろ》いハンカチがないと試合《しあい》に出《で》られない」がまさにそうです。

もともとは、試合中《しあいちゅう》に流血《りゅうけつ》してしまった場合《ばあい》にすぐ止血《しけつ》できるように、と携帯《けいたい》が義《ぎ》務《む》づけられていました。今《いま》やそのハンカチが治療《ちりょう》に使《つか》われることはありませんが、携《けい》帯《たい》することだけはルールとしてそのまま残《のこ》っているのです。ちなみに、試合中《しあいちゅう》はユニフォームの内側《うちがわ》にハンカチをしまっていますが、別《べつ》にポケットがあるわけでもないので、試合中《しあいちゅう》にどんどんずり落《お》ちてしまって股間付近《こかんふきん》に収《おさ》まってしまうことも。そのため、本当《ほんとう》に血《ち》が出《で》てしまったとき、相手選《あいてせん》手《しゅ》から「俺《おれ》のハンカチ使《つか》えよ」とすすめられても、皆《みな》、全力《ぜんりょく》で拒否《きょひ》するようです。

おまけのじつは

ライオンとにらめっこ？ 猛特訓《もうとっくん》で金《きん》メダル獲得《かくとく》！

1964年《ねん》の東京《とうきょう》オリンピックで、レスリング日本代表《にほんだいひょう》は金《きん》メダルを5個《こ》も獲得《かくとく》。その前回《ぜんかい》のローマ大会《たいかい》では銀《ぎん》メダル1個《こ》のみだっただけに「どうして急《きゅう》に強《つよ》くなった?」と世界中《せかいじゅう》を驚《おどろ》かせた。その秘密《ひみつ》は、当時《とうじ》の日本代表《にほんだいひょう》の猛特訓《もうとっくん》にあった。たとえば、人間《にんげん》には右利《みぎき》きか左利《ひだりき》きか、力《ちから》を出《だ》しやすい利《き》き腕《うで》がある。左右《さゆう》の腕力《わんりょく》を均等《きんとう》にするため、歯《は》ブラシや箸《はし》を持《も》つ手《て》など、普段《ふだん》の生活《せいかつ》から利《き》き腕《うで》と反対《はんたい》の手《て》を使《つか》うように特訓《とっくん》をしたのだ。さらに、精神力《せいしんりょく》を鍛《きた》えるため、なんと上野動物園《うえのどうぶつえん》のライオンのオリの中《なか》に入《はい》ってにらめっこしたことも。猛特訓《もうとっくん》のおかげか、日本代《にほんだい》表《ひょう》はその後《ご》も、レスリング強豪国《きょうごうこく》としての地位《ちい》を保《たも》っている。

じつは

ウエイトリフティングは頭《あたま》に何《なに》をかぶっても良《よ》い!

自分《じぶん》の鍛《きた》え上《あ》げた筋肉《きんにく》だけが武器《ぶき》、ともいえるウエイトリフティング。バーベルを上《あ》げやすければ何《なに》を着《き》てもいいかと思《おも》いきや、実《じつ》はユニフォームには厳格《げんかく》な決《き》まりがあります。それは「肘《ひじ》・膝《ひざ》をおおわないワンピース型《がた》コスチュームを着用《ちゃくよう》しなければならない」というもの。バーベルを持《も》ち上《あ》げたときに肘《ひじ》と膝《ひざ》をしっかり伸《の》ばさなければ失敗《しっぱい》となるため、審判《しんぱん》から見《み》えやすくしておかなければいけないのです。冷房《れいぼう》で寒《さむ》くても、長袖《ながそで》を着《き》るわけにはいきません。

でも、頭《あたま》には何《なに》を着用《ちゃくよう》しても大丈夫《だいじょうぶ》。そのため、帽子《ぼうし》をかぶったり、カチューシャを着用《ちゃくよう》して出場《しゅつじょう》する選手《せんしゅ》も。宗教上《しゅうきょうじょう》の理由《りゆう》で肌《はだ》を露出《ろしゅつ》できないイスラム圏《けん》の女性《じょせい》でも出場《しゅつじょう》しやすい利点《りてん》もあります。ただし、髪《かみ》の毛《け》でも帽子《ぼうし》でも、バーベルに少《すこ》しでもふれたら失敗《しっぱい》となります。

ウエイトリフティング

こんなスポーツ

バーベルを両手《りょうて》で握《にぎ》り、頭《あたま》の上《うえ》まで持《も》ち上《あ》げた最高重量《さいこうじゅうりょう》の合計《ごうけい》を競《きそ》う。一気《いっき》に持《も》ち上《あ》げる「スナッチ」と、鎖骨付近《さこつふきん》で停止《ていし》してから持《も》ち上《あ》げる「クリーン＆ジャーク」の２種目《しゅもく》で競《きそ》う。

発祥《はっしょう》や歴史《れきし》

古代《こだい》オリンピックの頃《ころ》から、怪力自慢《かいりきじまん》の力持《ちからも》ちたちが集《あつ》められ、重《おも》い石《いし》などを持《も》ち上《あ》げる力比《ちからくら》べが行《おこな》われていた。これがウエイトリフティングの起源《きげん》といわれている。

ここに注目《ちゅうもく》！

一流選手《いちりゅうせんしゅ》の場合《ばあい》、持《も》ち上《あ》げるバーベルは自分《じぶん》の体重《たいじゅう》の２倍以上《ばいいじょう》。腕《うで》だけでなく、全身《ぜんしん》の筋肉《きんにく》を総動員《そうどういん》してフルパワーを出《だ》す。名前《なまえ》をよばれてから１分以内《ぷんいない》に持《も》ち上《あ》げないと失敗《しっぱい》になるため、その短《みじか》い時間《じかん》で心《こころ》と体《からだ》の状態《じょうたい》を最大限《さいだいげん》に高《たか》めなければならない。

じつは
剣道《けんどう》はガッツポーズすると一本《いっぽん》が取《と》り消《け》し！

スポーツで点《てん》が決《き》まったり、技《わざ》が決《き》まったりしたときに思《おも》わず出《で》てしまうのがガッツポーズ。でも、このガッツポーズが禁止《きんし》されている競技《きょうぎ》もあります。日本《にほん》生《う》まれのスポーツ、剣道《けんどう》です。もし、面《めん》や胴《どう》、小手《こて》がキレイに決《き》まって一本《いっぽん》を取《と》ったあとにガッツポーズをしてしまったら、その一本《いっぽん》は取《と》り消《け》しとなってしまいます。

これは、「礼《れい》に始《はじ》まり、礼《れい》に終《お》わる」という剣道《けんどう》が大事《だいじ》にする考《かんが》え方《かた》から来《き》ています。対戦相手《たいせんあいて》であっても感謝《かんしゃ》することを大事《だいじ》にしている剣道《けんどう》だからこそ、ガッツポーズは相手《あいて》への思《おも》いやりのない、礼儀《れいぎ》に反《はん》した行《こう》為《い》と判断《はんだん》されてしまうのです。

では、ガッツポーズの代《か》わりに何《なに》をすればいいのでしょう？ それは、油断《ゆだん》なく相《あい》手《て》の次《つぎ》の攻撃《こうげき》に備《そな》える姿勢《しせい》を示《しめ》すこと。剣《けん》道《どう》ではこれを「残心《ざんしん》」と呼《よ》んでいます。

剣道《けんどう》

こんなスポーツ

竹刀《しない》で相手《あいて》の体《からだ》の決《き》められた場所《ばしょ》を打《う》ったり突《つ》いたりして勝敗《しょうはい》を競《きそ》う。3本勝負《ぼんしょうぶ》が原則《げんそく》。

発祥《はっしょう》や歴史《れきし》

日本《にほん》の伝統的《でんとうてき》な剣術《けんじゅつ》をスポーツにしたのが剣道《けんどう》だ。江戸時代《えどじだい》に発明《はつめい》された竹刀《しない》を刀《かたな》がわりに、防具《ぼうぐ》を身《み》につけて剣術《けんじゅつ》の練習《れんしゅう》をしたのがはじまり。日本《にほん》の武士《ぶし》の生活《せいかつ》から生《う》まれた文化《ぶんか》ともいえるが、1970年《ねん》からは世界大会《せかいたいかい》も行《おこな》われ、外国人選手《がいこくじんせんしゅ》も増《ふ》えつつある。

ここに注目《ちゅうもく》！

審判《しんぱん》に「一本《いっぽん》」と認《みと》められるには、竹刀《しない》を面《めん》や胴《どう》に当《あ》てるだけではダメ。そのタイミングや、竹刀《しない》が当《あ》たった角度《かくど》などが重要《じゅうよう》になる。上級者《じょうきゅうしゃ》の竹刀《しない》さばきはとても速《はや》く、一本《いっぽん》を取《と》るときのスピードは目《め》にもとまらぬ早技《はやわざ》。剣《けん》の達人《たつじん》を判定《はんてい》する審判《しんぱん》たちも大変《たいへん》なのだ。

じつは
野球《やきゅう》はボールを蹴《け》って送球《そうきゅう》してもOK！

ピッチャーが投《な》げ、バッターが打《う》って勝《しょう》敗《はい》を決《き》める野球《やきゅう》。でも、守備側《しゅびがわ》だけは、仮《かり》にボールを蹴《け》っても、ルール上《じょう》は問題《もんだい》ありません。たとえば、足元《あしもと》に来《き》た打球《だきゅう》を足《あし》で止《と》めてももちろんOK。また、ボテボテのゴロがピッチャーと一塁手《いちるいしゅ》の間《あいだ》に転《ころ》がり、ボールをグラブでとってから投《な》げては間《ま》に合《あ》わないようなとき、とっさの判断《はんだん》で転《ころ》がっているボールをそのまま蹴《け》って、これを一塁手《いちるいしゅ》がキャッチしてベースをふめば、アウトです。もっとも、ボールを蹴《け》るなんてマナーが悪《わる》い！　と怒《おこ》られる可能性《かのうせい》はありますが……。また、蹴《け》ろうとしたらスパイクが脱《ぬ》げてしまってボールに当《あ》たった場合《ばあい》、守備《しゅび》の反則《はんそく》になる可能性《かのうせい》もあります。

ちなみに、走者《そうしゃ》がボールを蹴《け》った場合《ばあい》は、偶然《ぐうぜん》でもわざとでも「守備妨害《しゅびぼうがい》」としてアウトになるので要注意《ようちゅうい》です。

おまけのじつは

永久欠番《えいきゅうけつばん》から漢字《かんじ》まで 意外《いがい》と知《し》らない背番号《せばんごう》のヒミツ

野球選手《やきゅうせんしゅ》が着《き》ているユニフォームの背《せ》中《なか》に記《しる》されている背番号《せばんごう》。世界《せかい》で最初《さいしょ》につけて試合《しあい》をしたのは、メジャーリーグのヤンキースで1929年《ねん》のこと。広《ひろ》い野《や》球場《きゅうじょう》で、番号《ばんごう》を見《み》ただけでどの選手《せんしゅ》か分《わ》かるようにとはじめたサービスだった。

また、チームの偉大《いだい》な選手《せんしゅ》をたたえるため、そのチームでは永久《えいきゅう》に使《つか》わないようにする背番号《せばんごう》を「永久欠番《えいきゅうけつばん》」と呼《よ》び、これもヤンキースが最初《さいしょ》にはじめた。

日本《にほん》で最初《さいしょ》に背番号《せばんごう》をつけたのは、プロではなく学生野球《がくせいやきゅう》。1931年春《ねんはる》のセンバツ甲子園《こうしえん》でのこと。日本《にほん》プロ野球《やきゅう》では1935年《ねん》にアメリカに遠征《えんせい》した大日本《だいにっぽん》東京野球倶楽部《とうきょうやきゅうくらぶ》が最初《さいしょ》で、当時《とうじ》は「一《いち》」や「二《に》」といった漢数字《かんすうじ》をつけていた。

じつは

座《すわ》ったままで強烈《きょうれつ》アタック！
床《ゆか》に座《すわ》ったまま行《おこな》われる シッティングバレーボール

シッティングバレーボールとは、床《ゆか》にお尻《しり》をついたまま行《おこな》われる6人制《にんせい》のバレーボールのこと。一番《いちばん》の特徴《とくちょう》は、サーブやアタックなどのときにお尻《しり》が床《ゆか》から離《はな》れると、相手《あいて》に得点《とくてん》が入《はい》る点《てん》です。選手《せんしゅ》は主《おも》に腕《うで》の力《ちから》でコートを移動《いどう》しますが、ひとりひとりの守備範囲《しゅびはんい》は、どうしても狭《せま》くなります。そこで、全《ぜん》員《いん》でボールを拾《ひろ》い、全員《ぜんいん》で攻撃《こうげき》をするチームワークが必要《ひつよう》になるのです。

また、通常《つうじょう》のバレーボールよりコートが狭《せま》くラリーテンポも速《はや》いので、スピーディな試合展開《しあいてんかい》も魅力《みりょく》です。

シッティングバレーボールは、1980年《ねん》にパラリンピックの正式種目《せいしきしゅもく》となったことで世界中《せかいじゅう》に広《ひろ》まり、障害者《しょうがいしゃ》と健《けん》常者《じょうしゃ》が一緒《いっしょ》にできる競技《きょうぎ》として年々《ねんねん》人《にん》気《き》が高《たか》まっています。

第《だい》2章《しょう》

じつは

超《ちょう》びっくり！

スポーツの歴史《れきし》

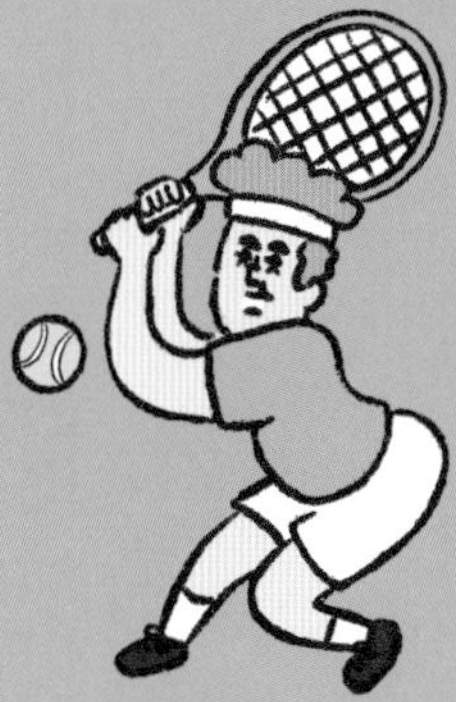

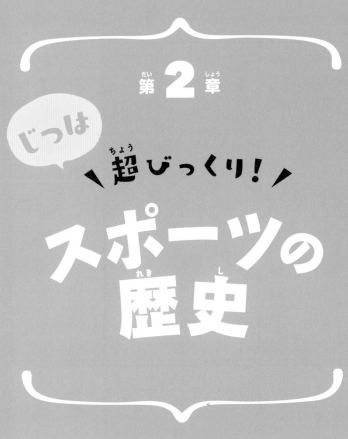

じつは

月《つき》で初《はじ》めて行《おこな》われたスポーツはゴルフ！

人類《じんるい》が地球《ちきゅう》以外《いがい》の星《ほし》で初《はじ》めて行《おこな》ったスポーツは、ゴルフでした。

1971年《ねん》1月《がつ》31日《にち》、アポロ14号《ごう》は史上《しじょう》3度目《どめ》となる月面探査《げつめんたんさ》のために月《つき》に向《む》かいます。無事《ぶじ》に月《つき》に着陸《ちゃくりく》したクルーたちは、地震《じしん》の観測《かんそく》などの実験《じっけん》をしました。その際《さい》に、アラン・シェパード船長《せんちょう》は、地球《ちきゅう》から持《も》っていった「6番《ばん》アイアンのヘッド」を岩石《がんせき》収集用《しゅうしゅうよう》の道具《どうぐ》に取《と》り付《つ》けて、ゴルフボールを2球《きゅう》打《う》ったのです。

宇宙服《うちゅうふく》を着《き》ていたシェパード船長《せんちょう》は、片手《かたて》でしかクラブを持《も》てなかったので、1打目《だめ》は失敗《しっぱい》。ところが2打目《だめ》は見事《みごと》、ナイスショット！　月《つき》の重力《じゅうりょく》は地球《ちきゅう》の6分《ぶん》の1なので、さぞ遠《とお》くまで飛《と》んだことでしょう。

ちなみにこのとき打《う》ったゴルフボールは回収《かいしゅう》されることなく、今《いま》でも月面《げつめん》に置《お》き去《ざ》りにされているそうです。

おまけのじつは

宇宙《うちゅう》でゴルフボールを打《う》つと百数十万《ひゃくすうじゅうまん》kmも飛《と》ぶ！

シェパード船長《せんちょう》が月面《げつめん》でゴルフをした35年後《ねんご》、国際《こくさい》宇宙《うちゅう》ステーションに滞在《たいざい》していたミハイル・チューリン宇宙飛行士《うちゅうひこうし》も宇宙《うちゅう》でのゴルフを楽《たの》しんだ。彼《かれ》は、船外活動中《がいかつどうちゅう》に通常《つうじょう》の約《やく》15分《ぶん》の1の重《おも》さしかない3gのゴルフボールを6番《ばん》アイアンでティーショット！ボールは宇宙空間《うちゅうくうかん》に吸《す》い込《こ》まれるように飛《と》んでいき、チューリン飛行士《ひこうし》は「すごく遠《とお》くまで飛《と》んでいった。素晴《すば》らしいショットだ」と、地球《ちきゅう》の管制官《かんせいかん》に伝《つた》えたという。アメリカ航空宇宙局《こうくううちゅうきょく》(NASA)は、ボールは3日間《かかん》ほど地球《ちきゅう》の周《まわ》りを回《まわ》った後《のち》、大気圏《たいきけん》に落下《らっか》して燃《も》え尽《つ》きるのではと発表《はっぴょう》した。無重力空間《むじゅうりょくくうかん》でのゴルフボールの飛距離《ひきょり》は、百数十万《ひゃくすうじゅうまん》kmに及《およ》んだようだ。

じつは アイスホッケーは馬《うま》のうんこで行《おこな》われていた!

アイスホッケーは、パックとよばれる硬《かた》い円盤《えんばん》を敵《てき》と味方《みかた》に分《わ》かれて奪《うば》い合《あ》い、ゴールを狙《ねら》うはげしいスポーツです。このパックは硬《かた》いゴムでできているのですが、もともとは馬《うま》のうんこだったという説《せつ》をご存《ぞん》じでしょうか?

100年以上前《ねんいじょうまえ》にアイスホッケーが生《う》まれたと言《い》われているカナダでは、冬《ふゆ》の交通《こうつう》手段《しゅだん》として馬《うま》ソリが使《つか》われていました。馬《うま》が凍《こお》った雪《ゆき》の上《うえ》に落《お》としたうんこは、重力《じゅうりょく》で押《お》しつぶされて円盤状《えんばんじょう》になります。その円盤状《えんばんじょう》のうんこが一晩《ひとばん》たってカチカチに凍《こお》ったもので遊《あそ》んだのが、アイスホッケーの起源《きげん》と言《い》われているのです。

現在《げんざい》、国際《こくさい》アイスホッケー連盟《れんめい》の規則《きそく》によると「パックの色《いろ》は主《おも》に黒《くろ》」と決《き》められていますが、言《い》われてみると馬《うま》のうんこに見《み》えるような気《き》がしませんか…?

アイスホッケー

こんなスポーツ

スケートリンク上《じょう》でスティックを使《つか》い、パックを相手《あいて》のゴールに入《い》れて得点《とくてん》を競《きそ》うゲーム。タックルのようなぶつかり合《あ》いがあることから、『氷《ひょう》上《じょう》の格闘技《かくとうぎ》』ともよばれる。

発祥《はっしょう》や歴史《れきし》

アイスホッケーの起源《きげん》と言《い》われる国《くに》は、オランダやアイルランドなど数多《かずおお》く存在《そんざい》する。1877年《ねん》にカナダの大学生《だいがくせい》たちによって、現在《げんざい》のようなルールが定《さだ》められた。

ここに注目《ちゅうもく》!

アイスホッケーの醍醐味《だいごみ》は、なんといってもそのスピード感《かん》！シュートは、最高時速約《さいこうじそくやく》180㎞に達《たっ》することも。それを阻止《そし》しようと敵《てき》の選手《せんしゅ》はタックルをするため、ケガも日常《にちじょう》茶飯事《さはんじ》。そんなスピード＆スリルの両方《りょうほう》を楽《たの》しめるのが魅力《みりょく》なのだ。

じつは

ラグビーボールはブタの膀胱《ぼうこう》が使《つか》われていたため楕円形《だえんけい》になった！

ラグビーといえば、ほかのスポーツでは見《み》られない楕円形《だえんけい》のボールが特徴《とくちょう》です。では、なぜ球《きゅう》ではなく楕円形《だえんけい》なのでしょうか。

その理由《りゆう》には色々《いろいろ》な説《せつ》がありますが、「豚《ぶた》の膀胱《ぼうこう》に空気《くうき》を入《い》れて膨《ふく》らませ、割《わ》れないように牛《うし》の皮《かわ》を張《は》り付《つ》けたから」というのが最《もっと》も有力《ゆうりょく》なようです。

ラグビーが生《う》まれた1800年代《ねんだい》のボールは、重《おも》くてあまり弾《はず》まないものでした。そこで、ある靴職人《くつしょくにん》が豚《ぶた》の膀胱《ぼうこう》を膨《ふく》らませてボールにしたところ、適度《てきど》に軽《かる》くて弾《はず》んだので広《ひろ》く使《つか》われるように。ただ、豚《ぶた》の膀胱《ぼうこう》は、球体《きゅうたい》ではないので、楕円形《だえんけい》のボールになったのです。

楕円形《だえんけい》のボールは、地面《じめん》に着《つ》くと予測《よそく》できない跳《は》ね方《かた》をすることがあります。このようなイレギュラーバウンドは「勝利《しょうり》の女《め》神《がみ》の気《き》まぐれ」とよばれています。

ラグビー

こんなスポーツ

1チーム15人《にん》の選手《せんしゅ》が協力《きょうりょく》しながら、ボールを持《も》って走《はし》ったり、パスやキックをしながら相《あい》手《て》のゴールラインをめざす。ボールを前《まえ》に投《な》げたりボールより前《まえ》でプレーをしてはいけない。

発祥《はっしょう》や歴史《れきし》

1823年《ねん》にイングランド・ラグビー校《こう》でのフットボールの試合中《しあいちゅう》、ウィリアム・ウェブ・エリス選《せん》手《しゅ》が、ボールを抱《かか》えたまま相手《あいて》ゴールへ走《はし》り出《だ》したのが発祥《はっしょう》とされている(P.77参照《さんしょう》)。

ここに注目《ちゅうもく》!

鍛《きた》え抜《ぬ》かれた選手《せんしゅ》たちが全速力《ぜんそくりょく》で走《はし》って、それをタックルで止《と》めるぶつかり合《あ》いは、迫力満点《はくりょくまんてん》。また、力《ちから》が強《つよ》い人《ひと》や足《あし》が速《はや》い人《ひと》、キックがうまい人《ひと》など、能力《のうりょく》に合《あ》ったポジションが決《き》まっていて、全員《ぜんいん》が求《もと》められる役割《やくわり》を果《は》たさないと、相手《あいて》に勝《か》つことがむずかしい。

じつは バスケットボールはどこからシュートを決《き》めても2点《てん》だった！

現在《げんざい》、バスケットボールの得点《とくてん》は、3種《しゅ》類《るい》あります。通常《つうじょう》のシュートは2点《てん》、相手《あいて》のファウルによるフリースローで得点《とくてん》すると1点《てん》、スリーポイントエリアから打《う》ったシュートが入《はい》ると3点《てん》です。この一気《いっき》に3点《てん》を獲得《かくとく》できる3ポイントシュートは、アメリカの大学《だいがく》などでは採用《さいよう》されているところもありましたが、1979年《ねん》にプロリーグのNBAで初《はじ》めて導入《どうにゅう》されたことをきっかけに世界中《せかいじゅう》に広《ひろ》まっていきました。

それまでバスケットボールの試合《しあい》は、ゴール下《した》の競《せ》り合《あ》いで得点《とくてん》が決《き》まっていましたが、遠《とお》くからのシュートで高得点《こうとくてん》を狙《ねら》えるようになって、ゲームの面白《おもしろ》さが増《ま》すようになったのです。また、試合終了間際《しあいしゅうりょうまぎわ》に3ポイントシュートが決《き》まることで大逆転《だいぎゃくてん》という劇的《げきてき》なシーンも見《み》られるようになりました。

バスケットボール

こんなスポーツ

5人《にん》ずつのチームに分《わ》かれ、相手《あいて》のバスケットにボールを入《い》れて得点《とくてん》を争《あらそ》う競技《きょうぎ》。

発祥《はっしょう》や歴史《れきし》

1891年《ねん》にアメリカの国際《こくさい》YMCAトレーニングスクールに勤《つと》めていた体育教官《たいいくきょうかん》、ジェームズ・ネイスミスの考《かんが》えたルールが原型《げんけい》。体育館《たいいくかん》の両端《りょうはし》に桃《もも》を収穫《しゅうかく》するための木製《もくせい》カゴ（バスケット）を吊《つ》り下《さ》げたことが、その名《な》の由来《ゆらい》と言《い》われている。

ここに注目《ちゅうもく》！

野球《やきゅう》やサッカーにくらべて試合展《しあいてん》開《かい》が速《はや》く、得点《とくてん》がどんどん入《はい》るので飽《あ》きることがない。そして最《もっと》も注《ちゅう》目《もく》したいのが、試合終盤《しあいしゅうばん》になっても接戦《せっせん》が続《つづ》くときだ。最後《さいご》の1秒《びょう》まで勝敗《しょうはい》がわからず、終了《しゅうりょう》のブザーギリギリでシュートが決《き》まって逆転《ぎゃくてん》となることもある。

もう
皿《さら》でも
いいんじゃ
ないっすか？
シュッッ

じつは

クレー射撃《しゃげき》は鳥不足《とりぶそく》から誕生《たんじょう》した！

クレーとよばれる素焼《すや》きの皿《さら》を標的《ひょうてき》にするクレー射撃《しゃげき》。その始《はじ》まりは、なんと生《い》きたハトを飛《と》び立《た》たせて撃《う》つものでした。

ところが、競技《きょうぎ》が人気《にんき》になるにつれて標《ひょう》的《てき》のハトが不足《ふそく》したことで、１８８０年代《ねんだい》に、現在《げんざい》のような素焼《すや》きの皿《さら》を使《つか》うようになったのです。ただし、１９００年《ねん》に開催《かいさい》されたパリオリンピックでは、生《い》きたハトを使《つか》って射撃《しゃげき》が行《おこな》われました。その大会《たいかい》で優勝《ゆうしょう》した選手《せんしゅ》は21羽《わ》のハトを撃《う》ち落《お》とし、トータルで約《やく》３００羽《わ》のハトが犠牲《ぎせい》となったそうです。競技《きょうぎ》が終《お》わった会場《かいじょう》には、大《たい》量《りょう》のハトの血《ち》と羽根《はね》が散乱《さんらん》していたとか。

あまりに残酷《ざんこく》だったため、ハトを撃《う》つ競《きょう》技《ぎ》はこの大会一度《たいかいいちど》きりとなりました。しかし、クレー射撃《しゃげき》に使《つか》われるクレーの正式名《せいしきめい》称《しょう》は「クレーピジョン」と言《い》い、未《いま》だにハト（＝ピジョン）の名前《なまえ》を残《のこ》しています。

クレー射撃《しゃげき》

こんなスポーツ

弾《たま》が広《ひろ》い範囲《はんい》に飛《と》び散《ち》る散弾銃《さんだんじゅう》を用《もち》いて、クレーとよばれる標的《ひょうてき》を撃《う》つ競技《きょうぎ》。クレーの飛《と》び方《かた》や選手《せんしゅ》の立《た》つ位置《いち》の違《ちが》いで、トラップとスキートの2種類《しゅるい》がある。

発祥《はっしょう》や歴史《れきし》

クレー射撃《しゃげき》の発祥《はっしょう》は1700年代《ねんだい》のイギリス。当時《とうじ》、野生動物《やせいどうぶつ》の狩猟《しゅりょう》は王族《おうぞく》しか楽《たの》しめなかった。そこで、貴族《きぞく》が代《か》わりにハトを撃《う》ち始《はじ》めたことが始《はじ》まりと言《い》われている。

ここに注目《ちゅうもく》！

クレーの飛《と》ぶ速《はや》さは、時速《じそく》80㎞～120㎞。しかも、どの方向《ほうこう》に飛《と》ぶかがわからないので、研《と》ぎ澄《す》まされた反射神経《はんしゃしんけい》が必要《ひつよう》。また、オリンピックでは弾《たま》が命中《めいちゅう》すると粉《こな》が飛《と》び散《ち》るクレーが使《つか》われているので、テレビで観《み》ていても爽快感《そうかいかん》が伝《つた》わってくる。

じつは フィギュアスケートは氷上《ひょうじょう》に図形《ずけい》を描《えが》く競技《きょうぎ》だった！

氷上《ひょうじょう》を音楽《おんがく》に合《あ》わせて優雅《ゆうが》に滑《すべ》るフィギュアスケート。ところで、「フィギュア」とは、どんな意味《いみ》なのでしょうか？

17世紀《せいき》のオランダでは、両腕《りょううで》を組《く》んで氷上《ひょうじょう》に曲線《きょくせん》を描《えが》きながら滑《すべ》る「ダッチロール」が流行《りゅうこう》します。それがイギリスに伝《つた》わると、氷上《ひょうじょう》で円《えん》や8の字《じ》などの図形《ずけい》を正確《せいかく》に描《えが》きながら滑《すべ》ることを競《きそ》い合《あ》う競技《きょうぎ》に発展《はってん》しました。これが、コンパルソリーフィギュア（決《き》められた図形《ずけい》）と呼《よ》ばれました。

その後《ご》、フィギュアスケートの世界選手権《せかいせんしゅけん》では、コンパルソリーフィギュアと現在《げんざい》のような音楽《おんがく》に合《あ》わせて自由《じゆう》に滑《すべ》るフリースケーティングの合計点《ごうけいてん》で競《きそ》われるようになります。ところが、見《み》た目《め》が地味《じみ》なコンパルソリーフィギュアは、１９９０年《ねん》になると廃止《はいし》されてしまいました。そして、「フィギュア」という名前《なまえ》だけが残《のこ》ったのです。

おまけのじつは

コンパルソリーが どれだけ地味《じみ》かというと…

いつもは華麗《かれい》なコスチュームを身《み》につけている選手《せんしゅ》たちも、コンパルソリー競《きょう》技《ぎ》になると、練習着《れんしゅうぎ》のようなジャージ姿《すがた》が多《おお》かった。しかも音楽《おんがく》もない中《なか》で、黙々《もくもく》と氷上《ひょうじょう》に決《き》められた図形《ずけい》を描《えが》かなくてはならない。演技終了後《えんぎしゅうりょうご》には、審判《しんぱん》がリンクの上《うえ》に集《あつ》まって氷《こおり》の上《うえ》に刻《きざ》まれたエッジの跡《あと》を覗《のぞ》きこんで採点《さいてん》するのだが、これに時間《じかん》がかかる。フィギュアスケートのテレビ中継《ちゅうけい》が当《あ》たり前《まえ》になるにつれて、コンパルソリー競技《きょうぎ》はお荷物《にもつ》となって廃止《はいし》されたのだった。このコンパルソリーを苦手《にがて》としていたのが、女子《じょし》で初《はじ》めてトリプルアクセルを跳《と》んだ伊藤《いとう》みどり選手《せんしゅ》。苦手種目《にがてしゅもく》がなくなった後《あと》の五輪《ごりん》では、銀《ぎん》メダルを獲《と》ることができた。

じつは

テニスのウィンブルドン選手権《せんしゅけん》は、ユニフォームや下着《したぎ》まで白《しろ》がルール！

　テニスの4大大会《だいたいかい》のひとつ「ウィンブルドン選手権《せんしゅけん》」では、他《ほか》の大会《たいかい》とは違《ちが》い、選手全員《せんしゅぜんいん》が真《ま》っ白《しろ》なウェアを着用《ちゃくよう》してプレーをしなければなりません。その理由《りゆう》は、汗《あせ》をかいてウェアに汗《あせ》じみができても目立《めだ》たないように、白《しろ》いウェアが義務付《ぎむづ》けられているからです。もともとテニスは、貴族《きぞく》や上流階級《じょうりゅうかいきゅう》の人達《ひとたち》が始《はじ》めたスポーツで、テニスコートは社交《しゃこう》の場《ば》と考《かんが》えられていたため汗《あせ》じみは見苦《みぐる》しいと言《い》われたのです。

　現在《げんざい》、他《ほか》の大会《たいかい》では色《いろ》のついたウェアが認《みと》められていますが、ウィンブルドン選手権《せんしゅけん》だけは、伝統《でんとう》を守《まも》り続《つづ》けています。さらに、ウェアだけではなく下着《したぎ》も靴下《くつした》も白《しろ》と決《き》められており、公式練習《こうしきれんしゅう》や試合前《しあいまえ》には服装《ふくそう》チェックがあります。そこで不備《ふび》が見《み》つかった場合《ばあい》には、審判《しんぱん》から着替《きが》えるように指導《しどう》されます。

テニス

こんなスポーツ

ネットをはさんだ決《き》められたコートの中《なか》で、選《せん》手同士《しゅどうし》がボールを打《う》ち合《あ》う競技《きょうぎ》。

発祥《はっしょう》や歴史《れきし》

テニスの原型《げんけい》となった球《たま》を打《う》ち合《あ》う遊《あそ》びは、紀元前《きげんぜん》のエジプトから始《はじ》まったと言《い》われ、当《とう》時《じ》の様子《ようす》を描《えが》いた壁画《へきが》が残《のこ》されている。現在《げんざい》のようなテニスは、11〜12世紀頃《せいきごろ》にフランスの修道院《しゅうどういん》で貴族《きぞく》が手《て》のひらや手袋《てぶくろ》を使《つか》って球《たま》の打《う》ち合《あ》いを楽《たの》しんだのが始《はじ》まりとされる。

ここに注目《ちゅうもく》！

テニスは選手《せんしゅ》のテクニックもさることながら、メンタルも大切《たいせつ》なスポーツだ。あと1ポイントでゲームの勝《しょう》敗《はい》が決《き》まる場面《ばめん》では、サーバーもレシーバーも大変《たいへん》なプレッシャーにさらされる。そのときの選手《せんしゅ》の心《しん》理《り》を想像《そうぞう》しながら観戦《かんせん》するのも面《おも》白《しろ》い。

じつは 新体操《しんたいそう》はとてつもない長《なが》い競技名称《きょうぎめいしょう》だった！

美《うつく》しいコスチュームを身《み》にまとい音楽《おんがく》に合《あ》わせて優雅《ゆうが》に舞《ま》う新体操《しんたいそう》は、女子《じょし》に人気《にんき》のスポーツです。そんな新体操《しんたいそう》は、1950年《ねん》に開催《かいさい》された世界体操選手権《せかいたいそうせんしゅけん》で、女子競《じょしきょう》技《ぎ》のひとつとして初《はじ》めて行《おこな》われました。そのときの競技名《きょうぎめい》は「携帯器具《けいたいきぐ》を持《も》ってする音楽伴奏団体演技《おんがくばんそうだんたいえんぎ》」という、とても長《なが》いものだったそうです。

その後《ご》、1963年《ねん》に器械体操《きかいたいそう》から独立《どくりつ》して「Modern Gymnastics」という名称《めいしょう》で第《だい》1回世界選手権《かいせかいせんしゅけん》が開《ひら》かれました。日本《にほん》では1968年《ねん》に「全日本新体《ぜんにほんしんたい》操学生選手権《そうがくせいせんしゅけん》」が開催《かいさい》され、そこから「新《しん》体操《たいそう》」の名前《なまえ》が定着《ていちゃく》したのです。さらに、1984年《ねん》には、ロサンゼルスオリンピックの正式種目《せいしきしゅもく》となったことによって、その人気《にんき》が世界中《せかいじゅう》に広《ひろ》まり、競技人口《きょうぎじんこう》も拡大《かくだい》していったのです。

新体操《しんたいそう》

こんなスポーツ

ボールやリボンなどの道具《どうぐ》を使《つか》いながら、音楽《おんがく》に合《あ》わせてマット上《じょう》で演技《えんぎ》をする競技《きょうぎ》。勝敗《しょうはい》は、難度《なんど》や芸術性《げいじゅつせい》を競《きそ》う採点《さいてん》で決《き》まる。

発祥《はっしょう》や歴史《れきし》

20世紀初《せいきはじ》めのロシアで人気《にんき》だったバレエをもとにした「芸術体操《げいじゅつたいそう》」が原型《げんけい》。その後《ご》ドイツで発展《はってん》し、1920年代《ねんだい》に新体操《しんたいそう》のモデルといわれる「現代体操《げんだいたいそう》」が生《う》まれた。そして、1950年《ねん》には、世界体操選手権《せかいたいそうせんしゅけん》の一種目《いっしゅもく》となった。

ここに注目《ちゅうもく》!

女性《じょせい》らしい華麗《かれい》な動《うご》きの中《なか》で、リボンなどの道具《どうぐ》を自由自在《じゆうじざい》に操《あやつ》るには、高度《こうど》なテクニックが要求《ようきゅう》される。たとえば、6mもあるリボンは床《ゆか》についたり絡《から》まったりすると減点《げんてん》の対象《たいしょう》になってしまう。美《うつく》しさの中《なか》にある、各選手《かくせんしゅ》の高度《こうど》な技術《ぎじゅつ》にも目《め》を向《む》けてみよう。

じつは

サッカーとラグビーはもともと同《おな》じ競技《きょうぎ》だった！

サッカーとラグビーはどちらも「フットボール」というスポーツが元《もと》になって誕生《たんじょう》しました。

「フットボール」とは、中世《ちゅうせい》のイギリスで盛《さか》んだった遊《あそ》びで、ひとつのボールを大勢《おおぜい》で蹴《け》ったり手《て》で運《はこ》んだりしながらゴールをめざすもの。ただし、この遊《あそ》びは、乱闘《らんとう》がつきもので、死者《ししゃ》が出《で》るほど過激《かげき》だったそう。その後《ご》「フットボール」は、ルールができて誰《だれ》もが安全《あんぜん》に楽《たの》しめるスポーツになっていきますが、各地域《かくちいき》や学校《がっこう》で独自《どくじ》のルールが生《う》まれました。

19世紀後半《せいきこうはん》にルールを統一《とういつ》するため会合《かいごう》が持《も》たれ、「手《て》を使《つか》わず足《あし》でボールを蹴《け》る」ことになりました。これがサッカーの原型《げんけい》となったのです。それに対《たい》し「手《て》を使《つか》わないとイヤ！」というグループが脱退《だったい》してラグビー団体《だんたい》が結成《けっせい》されました。

おまけのじつは

伝説《でんせつ》を元《もと》に作《つく》られた ラグビーW杯《ワールドカップ》の優勝《ゆうしょう》カップ

ラグビーの始《はじ》まりは、イングランドのラグビー校《こう》でのフットボールの試合中《しあいちゅう》にウィリアム・ウェブ・エリスという少年《しょうねん》がボールを持《も》ったまま走《はし》り出《だ》したことによると言《い》われている。もっとも、この話《はなし》は後《のち》に作《つく》られたもので、事実《じじつ》ではないという説《せつ》が有力《ゆうりょく》だ。ところが、ラグビーのワールドカップ優勝《ゆうしょう》チームに贈《おく》られるトロフィーは「ウェブ・エリス・カップ」で、エリス少年《しょうねん》から名前《なまえ》をとっているのだ。しかもこのトロフィーは、第《だい》1回大会《かいたいかい》から同《おな》じものが使用《しよう》され、優勝《ゆうしょう》した国《くに》のメンバーしか素手《すで》で触《ふ》れてはいけないという厳《きび》しいルールがある。たとえ伝説《でんせつ》から生《う》まれたトロフィーであっても、ラガーマンにとっては神聖《しんせい》なものなのだ。

じつは！

最《もっと》も短《みじか》い飛距離《ひきょり》のホームランは60cm！

ホームランというと豪快《ごうかい》な打球《だきゅう》がスタンドに運《はこ》ばれると思《おも》いますよね。ところが1905年《ねん》（02年《ねん》、03年《ねん》という説《せつ》もあり）のアメリカマイナーリーグでは、飛距離《ひきょり》60cmのホームランがありました。

ミネアポリス・ミラーズのアンディ・オイラー選手《せんしゅ》は、9回裏《かいうら》2アウト満塁《まんるい》で打席《だせき》に立《た》ちました。大雨《おおあめ》の中《なか》でピッチャーの投《な》げた球《たま》は、手《て》が滑《すべ》ったのかオイラーの頭《あたま》へ！とっさに避《さ》けたところ、たまたまボールがバットに当《あ》たって跳《は》ね返《かえ》ります。慌《あわ》てて一塁《いちるい》へ走《はし》るオイラー。敵《てき》のチームは転《ころ》がったボールを捜《さが》しますが、ぬかるんだグラウンドからは見《み》つけられません。結局《けっきょく》オイラーはホームインして、ランニングホームランとして記録《きろく》されました。ホームイン後《ご》に見《み》つかったボールは、ホームベースからわずか60cmのところにめり込《こ》んでいたそうです。

おまけのじつは

日本《にほん》では送《おく》りバントがホームランになった選手《せんしゅ》がいる!?

1982年《ねん》9月《がつ》15日《にち》に後楽園球場《こうらくえんきゅうじょう》で行《おこな》われた中日《ちゅうにち》vs巨人《きょじん》の1回裏《かいうら》での出来《でき》事《ごと》。無死一《むしいち》、二塁《にるい》のチャンスに巨人《きょじん》の篠塚選手《しのづかせんしゅ》は、送《おく》りバントをした。するとボールを捕《と》った郭投手《かくとうしゅ》は、降《ふ》り続《つづ》く雨《あめ》で足《あし》が滑《すべ》り三塁《さんるい》に悪送球《あくそうきゅう》。三塁手《さんるいしゅ》が捕球《ほきゅう》しそこなったボールは外野《がいや》に転《ころ》がるが、レフトの選手《せんしゅ》がまさかのトンネル。それをカバーした別《べつ》の外野手《がいやしゅ》が慌《あわ》ててホームに返球《へんきゅう》したが、今度《こんど》はキャッチャーが捕球《ほきゅう》ミスしてしまった。結局《けっきょく》、この間《あいだ》に二塁《にるい》走者《そうしゃ》、一塁走者《いちるいそうしゃ》だけでなく、打者《だしゃ》の篠塚選手《しのづかせんしゅ》までもホームインしてしまったのだ。まるで「ランニングホームラン」のようなこの珍《ちん》プレー。記録上《きろくじょう》は「バント+エラー3つ」だった。

じつは
バレーボールの技《ぎ》術《じゅつ》を高《たか》めたのは日本《にほん》だった！

テレビのスポーツ中継《ちゅうけい》で歴代最高《れきだいさいこう》の視《し》聴率《ちょうりつ》（66・8％）を記録《きろく》した種目《しゅもく》をご存《ぞん》じでしょうか？　日本《にほん》が金《きん》メダルを獲得《かくとく》した、1964年《ねん》の東京《とうきょう》オリンピック女子《じょし》バレーボール優勝決定戦《ゆうしょうけっていせん》です。

バレーボールは、背《せ》が高《たか》く手足《てあし》の長《なが》い欧《おう》米《べい》の選手《せんしゅ》が圧倒的《あっとうてき》に有利《ゆうり》です。体格面《たいかくめん》でハンデのある日本人選手《にほんじんせんしゅ》は、互角《ごかく》に戦《たたか》うために、数々《かずかず》の技《わざ》を生《う》み出《だ》しました。それが東《とう》京《きょう》オリンピックでの優勝《ゆうしょう》につながったのです。難《むずか》しいボールをレシーブして回転《かいてん》しながら体勢《たいせい》を整《ととの》える「回転《かいてん》レシーブ」や、男子《だんし》チームから生《う》まれた、アタックすると見《み》せかけて相手《あいて》のブロックのタイミングを外《はず》す「時間差攻撃《じかんさこうげき》」は聞《き》いたことがあるのではないでしょうか。こうして日本《にほん》で考案《こうあん》されたバレーの技《わざ》は世界中《せかいじゅう》に広《ひろ》まり、それがバレー技術《ぎじゅつ》の底上《そこあ》げにつながっていったのです。

おまけのじつは

おもちゃをヒントに生《う》まれた回転《かいてん》レシーブ！

「強打《きょうだ》のソ連《れん》（当時《とうじ》）に勝《か》つためには、ボールを拾《ひろ》いまくるしかない」。そう考えた女子《じょし》バレー日本代表《にほんだいひょう》チームの大松監督《だいまつかんとく》は、「倒《たお》れてもすぐ元《もと》に戻《もど》る、起《お》き上《あ》がりこぼしみたいなレシーブをやれ！」と命《めい》じたのだった。選手《せんしゅ》たちのひざやひじ、背中《せなか》や肩《かた》には、硬《かた》い床《ゆか》との接触《せっしょく》で青《あお》あざができた。最後《さいご》は、座布団《ざぶとん》やマフラーを体中《からだじゅう》に巻《ま》き付《つ》けて練習《れんしゅう》を行《おこな》った。そんな猛練習《もうれんしゅう》を繰《く》り返《かえ》すこと約《やく》1年《ねん》。これまでに誰《だれ》も見《み》たことのない技《わざ》「回転《かいてん》レシーブ」が完成《かんせい》したのだった。この回転《かいてん》レシーブは、オリンピックでも威力《いりょく》を発揮《はっき》。お互《たが》いに全勝同士《ぜんしょうどうし》で迎《むか》えたソ連《れん》との優勝《ゆうしょう》決定戦《けっていせん》でも3−0でストレート勝《が》ちしたのだった。

じつは!
マラソンでゴールまで54年《ねん》8か月《げつ》かかった選手《せんしゅ》がいた!

マラソンの世界記録保持者《せかいきろくほじしゃ》は、実《じつ》は日本人《にほんじん》だったのです。ただし、世界最速《せかいさいそく》ではなく、世界一遅《せかいいちおそ》い記録《きろく》なのですが…。

1912年《ねん》、ストックホルムで開催《かいさい》された第《だい》5回《かい》オリンピックのマラソンに出場《しゅつじょう》した金栗四三選手《かなくりしそうせんしゅ》は、疲労《ひろう》と暑《あつ》さのため27km付近《ふきん》でリタイアしてしまいました。ところがそのことが主催者《しゅさいしゃ》に伝《つた》わらず、彼《かれ》は「行《ゆく》方《え》不明《ふめい》」となってしまったのです。

それから約《やく》55年後《ねんご》、76歳《さい》の金栗選手《かなくりせんしゅ》はオリンピック記念式典《きねんしきてん》に招待《しょうたい》されゴールテープを切《き》らせてもらいます。すると「日本《にほん》の金栗《かなくり》、ただいまゴールイン。タイム54年《ねん》と8か月《げつ》6日《か》5時間《じかん》32分《ふん》20秒《びょう》3」とアナウンスが流《なが》れました。これに対《たい》し金栗《かなくり》は「長《なが》い道《みち》のりでした。この間《あいだ》に結婚《けっこん》し、6人《にん》の子《こ》どもと10人《にん》の孫《まご》に恵《めぐ》まれました」と応《こた》え、会場《かいじょう》は大歓声《だいかんせい》に包《つつ》まれたそうです。

おまけのじつは

金栗四三《かなくりしそう》のアイデアで生《う》まれた「箱根駅伝《はこねえきでん》」

正月《しょうがつ》の陸上競技《りくじょうきょうぎ》と言《い》えば「箱根駅伝《はこねえきでん》」だが、このレースの生《う》みの親《おや》は、金栗《かなくり》四三《しそう》だった。オリンピックで世界《せかい》の長距《ちょうきょ》離走《りそう》のレベルの高《たか》さを実感《じっかん》した金栗《かなくり》は、日本人選手《にほんじんせんしゅ》の強化《きょうか》・育成《いくせい》のために長距《ちょうきょ》離《り》のリレー競争《きょうそう》を考案《こうあん》。それが箱根駅伝《はこねえきでん》だったのだ。そして、金栗《かなくり》ら3人《にん》のアスリートの呼《よ》びかけによって、1920年《ねん》（大《たい》正《しょう》9年《ねん》）2月《がつ》14日《か》、東京高師《とうきょうこうし》（現《げん》：筑《つく》波大《ばだい》）、早稲田《わせだ》、慶應《けいおう》、明治《めいじ》の4校《こう》が出場《しゅつじょう》して「四大校駅伝競走《よんだいこうえきでんきょうそう》」としてスタート。今《いま》では、国内《こくない》の学生《がくせい》スポーツ競技会《きょうぎかい》の中《なか》でも極《きわ》めて高《たか》い人気《にんき》を誇《ほこ》っている。ちなみに2004年《ねん》の第《だい》80回大会《かいたいかい》からは、最《もっと》も活躍《かつやく》した選手《せんしゅ》に「金栗四三杯《かなくりしそうはい》」が贈《おく》られている。

じつは

相撲《すもう》の行司《ぎょうじ》が短刀《たんとう》を腰《こし》にさしているのは、軍配《ぐんばい》を上《あ》げ間違《まちが》えたときの切腹用《せっぷくよう》！

大相撲《おおずもう》の行司《ぎょうじ》とは、力士同士《りきしどうし》の取組《とりくみ》のときに立会人《たちあいにん》として臨《のぞ》み、勝《か》った方《ほう》を判定《はんてい》する役目《やくめ》の人《ひと》です。テレビを観《み》ていて行司《ぎょうじ》が短刀《たんとう》（脇差《わきざし》）を腰《こし》にさしているのを目《め》にしたことがないでしょうか。あれは、ファッションではなく、軍配《ぐんばい》を上《あ》げ間違《まちが》った場合《ばあい》に切腹《せっぷく》する覚悟《かくご》を示《しめ》したものなのです。

ただし、全《すべ》ての行司《ぎょうじ》が短刀《たんとう》を身《み》に付《つ》けているわけではありません。行司《ぎょうじ》の中《なか》でも最《さい》高位《こうい》である「立行司《たてぎょうじ》」と呼《よ》ばれる2人《り》だけしか、土俵上《どひょうじょう》で短刀《たんとう》を持《も》つことは許《ゆる》されていません。この立行司《たてぎょうじ》には代々《だいだい》引《ひ》き継《つ》がれている名前《なまえ》があり、ひとつが「木村庄之助《きむらしょうのすけ》」、もうひとつが「式守伊之助《しきもりいのすけ》」です。

このように行司《ぎょうじ》の短刀《たんとう》は、自身《じしん》の命《いのち》を懸《か》けるほどの「覚悟《かくご》」が示《しめ》されていますが、実《じっ》際《さい》に軍配《ぐんばい》を上《あ》げ間違《まちが》えて切腹《せっぷく》した例《れい》はないようです。

相撲《すもう》

こんなスポーツ

まわしを締《し》めた力士《りきし》が土俵上《どひょうじょう》で取《と》り組《く》み、相手《あいて》を突《つ》いたり、投《な》げたりする競技《きょうぎ》。相手《あいて》を倒《たお》すか土俵《どひょう》の外《そと》に出《だ》せば勝《か》ちとなる。

発祥《はっしょう》や歴史《れきし》

日本《にほん》の伝統文化《でんとうぶんか》である相撲《すもう》は、農作物《のうさくぶつ》の収穫《しゅうかく》を占《うらな》う儀式《ぎしき》として1500年以上前《ねんいじょうまえ》から行《おこな》われてきた。それが江戸時代《えどじだい》に入《はい》ると、相撲《すもう》を職業《しょくぎょう》とする力士《りきし》たちが現《あらわ》れ、定期的《ていきてき》に相撲《すもう》興行《こうぎょう》が開催《かいさい》されるようになっていった。

ここに注目《ちゅうもく》!

平均体重《へいきんたいじゅう》150kg以上《いじょう》という大男《おおおとこ》たちが裸《はだか》でぶつかり合《あ》う戦《たたか》いは、迫《はく》力満点《りょくまんてん》。また、他《ほか》の格闘系《かくとうけい》スポーツは、体重《たいじゅう》によって階級《かいきゅう》が分《わ》かれていることが多《おお》いが、相撲《すもう》に階級《かいきゅう》はない。体格《たいかく》でかなわない小兵《こひょう》力士《りきし》が、技《わざ》で大柄《おおがら》な力士《りきし》を倒《たお》すのも相撲《すもう》の醍醐味《だいごみ》である。

パラスポーツのじつはNEWS

歴史《れきし》編《へん》

じつは

「パラリンピック」は、世界《せかい》の最高峰《さいこうほう》の選手《せんしゅ》が競《きそ》う障害者《しょうがいしゃ》スポーツ大会《たいかい》

パラリンピックの原点《げんてん》は、１９４８年《ねん》にイギリスの病院《びょういん》で開催《かいさい》された車《くるま》いす患者《かんじゃ》16人《にん》によるアーチェリー大会《たいかい》でした。その主催者《しゅさいしゃ》であるグットマン博《はか》士《せ》は「将来《しょうらい》、この大会《たいかい》が国《くに》を越《こ》えて、障《しょう》害《がい》のある選手《せんしゅ》のためのオリンピックとなるように」と語《かた》ったのです。そして１９６０年《ねん》には、23の国《くに》から４００名《めい》の選手《せんしゅ》が参加《さんか》した「第《だい》1回《かい》パラリンピック」が開催《かいさい》。１９８８年《ねん》からは、オリンピックと同《おな》じ会場《かいじょう》で競技《きょうぎ》が行《おこな》われるようになりました。

その後《ご》、パラリンピックは「世界最《せかいさい》高峰《こうほう》の障害者《しょうがいしゃ》スポーツ大会《たいかい》」として定《てい》着《ちゃく》。２０１２年《ねん》のロンドン大会《たいかい》は１６４の国《くに》と地域《ちいき》から４２３７人《にん》が参《さん》加《か》しました。この参加人数《さんかにんずう》はロンドン五輪《ごりん》の約《やく》４割《わり》に匹敵《ひってき》するものです。

第《だい》3章《しょう》

じつは

まだかくれた！

スポーツの魅《み》力《りょく》と努《ど》力《りょく》

じつは

ネイルするのは、アスリートの常識《じょうしき》！

「ネイルする」というと、爪《つめ》を美《うつく》しく飾《かざ》るネイルアートのことをイメージしがちですが、爪《つめ》に注目《ちゅうもく》しているのは流行《りゅうこう》に敏感《びんかん》な人《ひと》だけではありません。アスリートにとってもネイルケアは大切《たいせつ》。たとえば、野球《やきゅう》の投手《とうしゅ》はボールに良《よ》い回転《かいてん》をかけるために、爪《つめ》のコンディションを整《ととの》えなくてはなりません。陸上競技《りくじょうきょうぎ》のランナーやサッカー選手《せんしゅ》も、足《あし》の爪《つめ》にトラブルがあると、しっかりと踏《ふ》ん張《ば》ることができなくなります。

そこで最近《さいきん》では、アスリートにネイルを施術《せじゅつ》する専門《せんもん》のトレーナーがいます。彼《かれ》らは、爪《つめ》のケアや損傷箇所《そんしょうかしょ》の補強《ほきょう》だけでなく、爪《つめ》の構造《こうぞう》や解剖学《かいぼうがく》、爪《つめ》のメンテナンスに必要《ひつよう》な栄養学《えいようがく》の知識《ちしき》も身《み》につけています。ネイルトレーナーの存在《そんざい》が、アスリートのさらなる活躍《かつやく》をサポートしているのです。

おまけのじつは

野球《やきゅう》のキャッチャーの間《あいだ》で蛍光色《けいこうしょく》のマニキュアが流行《りゅうこう》!?

メジャーリーグやプロ野球《やきゅう》の試合《しあい》では、白《しろ》や蛍光色《けいこうしょく》のマニキュアを爪《つめ》に塗《ぬ》っているキャッチャーが増えてきた。これは、キャッチャーがミットの陰《かげ》や股間《こかん》で隠《かく》してピッチャーに送《おく》るサインを見《み》やすくするためだ。ピッチャーとキャッチャーの間《あいだ》では、球種《きゅうしゅ》やコースなどを指《ゆび》のサインでやり取《と》りしているが、これを見間違《みまちが》ってしまうと、ワイルドピッチやパスボールの原因《げんいん》となってしまう。また、ショートやセカンドといったセンターラインを守っている内野手《ないやしゅ》もキャッチャーのサインが見《み》やすいと、守《しゅ》備《び》のポジショニングを微妙《びみょう》に調整《ちょうせい》することができるのだ。これからテレビで野球《やきゅう》中継《ちゅうけい》を見《み》るときは、キャッチャーの爪《つめ》に色《いろ》がついていないか注目《ちゅうもく》してみよう！

じつは カラー柔道着《じゅうどうぎ》が採用《さいよう》されたのは「ばえる」から！

柔道《じゅうどう》の試合《しあい》では伝統的《でんとうてき》に白《しろ》い柔道着同士《じゅうどうぎどうし》で対戦《たいせん》していました。これは、白《しろ》い柔道着《じゅうどうぎ》が柔道《じゅうどう》の本質《ほんしつ》である「清《きよ》い心《こころ》」を表《あらわ》しているからです。しかし、1998年《ねん》の国際大会《こくさいたいかい》からは、ブルーの柔道着《じゅうどうぎ》も使《つか》われるようになりました。その理由《りゆう》は、観客《かんきゃく》やテレビの視聴者《しちょうしゃ》にとって、白対青《しろたいあお》の柔道着《じゅうどうぎ》の方《ほう》が選手《せんしゅ》の区別《くべつ》がしやすく、勝敗《しょうはい》がわかりやすいからです。実際《じっさい》、ヨーロッパではブルーの柔道着《じゅうどうぎ》が使《つか》われるようになってからテレビの中継《ちゅうけい》が増《ふ》えたそうです。

変《か》わったのは柔道着《じゅうどうぎ》の色《いろ》だけではありません。畳《たたみ》の色《いろ》も、もともと緑色《みどりいろ》だったのが、観客《かんきゃく》が選手《せんしゅ》の動《うご》きを見《み》やすいようにということで黄色《きいろ》、青色《あおいろ》と変《か》わってきました。そして今後《こんご》も、もっと「ばえる」色《いろ》があれば、柔道着《じゅうどうぎ》や畳《たたみ》の色《いろ》は、さらに変《か》わっていく可能性《かのうせい》が高《たか》いと思《おも》われます。

柔道《じゅうどう》

こんなスポーツ

柔道着《じゅうどうぎ》を着用《ちゃくよう》した選手《せんしゅ》が組《く》み合《あ》い、投《な》げ合《あ》ったり、寝技《ねわざ》を掛《か》け合《あ》ったりして勝敗《しょうはい》を競《きそ》う。

発祥《はっしょう》や歴史《れきし》

日本《にほん》に古《ふる》くから伝《つた》わる格闘技《かくとうぎ》、柔術《じゅうじゅつ》に精神《せいしん》修養《しゅうよう》の思想《しそう》が加《くわ》わり成立《せいりつ》。創始者《そうししゃ》である嘉納《かのう》治五郎《じごろう》は、柔術《じゅうじゅつ》の様々《さまざま》な流派《りゅうは》の長所《ちょうしょ》を研究《けんきゅう》し、1882年《ねん》に柔道《じゅうどう》の指導《しどう》を始《はじ》めた。その後、1964年《ねん》の東京《とうきょう》オリンピックで男子柔道《だんしじゅうどう》が正式競技《せいしききょうぎ》として採用《さいよう》され、全世界《ぜんせかい》に広《ひろ》まった。

ここに注目《ちゅうもく》！

日本発祥《にほんはっしょう》の柔道《じゅうどう》は、国際大会《こくさいたいかい》でも日本選手《にほんせんしゅ》の強《つよ》さが目立《めだ》つスポーツ。2021年《ねん》の東京《とうきょう》オリンピックからは、「有効《ゆうこう》」などのルールが廃止《はいし》。選手《せんしゅ》たちもこれまで以上《いじょう》に一本勝《いっぽんが》ちを目指《めざ》すようになるので、ダイナミックな試合展開《しあいてんかい》が期待《きたい》されている。

じつは

スノーボードには ローストビーフ・チキンサラダ という技《わざ》の名前《なまえ》がある！

２０１８年《ねん》の平昌《ピョンチャン》オリンピック、スノーボードハーフパイプの決勝《けっしょう》でのこと。スコッティ・ジェームス選手《せんしゅ》の試技中《しぎちゅう》にテレビの実況《じっきょう》アナウンサーが「ローストビーフでしょうか」と言《い》うと、解説者《かいせつしゃ》が「チキンサラダかもしれませんね」とコメントしました。テレビを見《み》ていた人《ひと》は、びっくりしたかもしれませんが、実《じつ》はこれは、スノーボードの技《わざ》の名前《なまえ》のことなのです。

「ローストビーフ」とは、ジャンプをしているときに後《うし》ろの手《て》を股《また》の間《あいだ》に通《とお》してボードの背面側《はいめんがわ》をつかむこと。「チキンサラダ」は、同《おな》じ場所《ばしょ》をつかみますが、手首《てくび》をひねるので、さらに難易度《なんいど》が高《たか》いのです。

スノーボードの技《わざ》は、考案《こうあん》した人《ひと》が名付《なづ》け親《おや》になることができるため、ほかにも「カナディアンベーコン」や「スイスチーズ」などの技《わざ》があります。

スノーボード

こんなスポーツ

サーフィンやスケートボードのように専用《せんよう》の板《いた》で雪山《ゆきやま》の斜面《しゃめん》を滑《すべ》り降《お》りるスポーツ。競技種目《きょうぎしゅもく》としては、「フリースタイル」、「アルペン」、「スノーボードクロス」などがある。

発祥《はっしょう》や歴史《れきし》

ボードで雪面《せつめん》を滑《すべ》り降《お》りることは、1800年代《ねんだい》にはすでに行《おこな》われていた。しかし、現在《げんざい》のようなスノーボードが誕生《たんじょう》したのは、1960年代《ねんだい》のアメリカといわれている。

ここに注目《ちゅうもく》！

スノーボードフリースタイルの人気《にんき》種目《しゅもく》といえばハーフパイプ。技《わざ》の難易度《なんいど》も上《あ》がっているが、基本《きほん》は高《たか》いジャンプだ。一度着地《いちどちゃくち》やターンを失敗《しっぱい》するとその後《ご》は低《ひく》いジャンプになってしまう。つまり、ゴールまで安定《あんてい》した高《たか》さをキープすることは、ミスがなかった証拠《しょうこ》なのだ。

じつは スポーツクライミング選手《せんしゅ》はエレベーターに圧勝《あっしょう》する!

カラフルで様々《さまざま》な形状《けいじょう》を持《も》つ「ホールド」と呼《よ》ばれる突起物《とっきぶつ》を手掛《てが》かりに、複雑《ふくざつ》に設《せっ》計《けい》された急角度《きゅうかくど》の人工壁《じんこうへき》をよじ登《のぼ》る都市型《としがた》スポーツ。一度《いちど》ハマると夢中《むちゅう》になる独特《どくとく》の面白《おもしろ》さがあり、街中《まちじゅう》のクライミングジムでも子供《こども》から大人《おとな》まで広《ひろ》く楽《たの》しまれています。

一口《ひとくち》にクライミングといっても様々《さまざま》な競《きょう》技種目《ぎしゅもく》がありますが、高《たか》さ10mないし15mの垂直《すいちょく》な壁《かべ》を、ゴールのタッチ板《ばん》を目指《めざ》して一目散《いちもくさん》に駆《か》け登《のぼ》る「スピード」の迫力《はくりょく》は圧《あっ》巻《かん》。ビル4~5階分《かいぶん》にもなる高《たか》さに、男子《だんし》ならなんと6秒弱《びょうじゃく》ほどで到達《とうたつ》してしまうのです。その速度《そくど》は秒速《びょうそく》2~3m。対《たい》して、一《いっ》般的《ぱんてき》なエレベーターの速度《そくど》は秒速《びょうそく》0.5~1m。同時《どうじ》にスタートを切《き》ればクライミング選手《せんしゅ》の方《ほう》が圧倒的《あっとうてき》に早《はや》くゴールに到達《とうたつ》します。

もちろん、数十《すうじゅう》~数百《すうひゃく》mの距離《きょり》でのスタミナ勝負《しょうぶ》となると話《はなし》は別《べつ》でしょうが……。

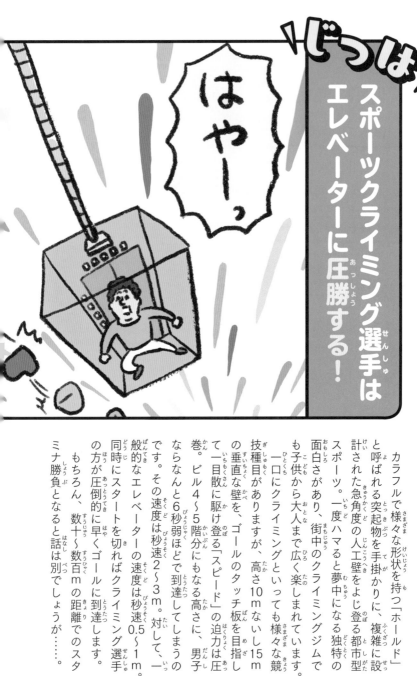

スポーツクライミング

こんなスポーツ

登《のぼ》るタイムを競《きそ》う「スピード」、制限時間内《せいげんじかんない》に複雑《ふくざつ》に設計《せっけい》されたコースをいくつ登《のぼ》れるかを競《きそ》う「ボルダリング」、同《おな》じく時間内《じかんない》にどの地《ち》点《てん》まで登《のぼ》れるかを競《きそ》う「リード」の3種目《しゅもく》があり、オリンピックではこれらの合計順位《ごうけいじゅんい》を争《あらそ》う。

発祥《はっしょう》や歴史《れきし》

道具《どうぐ》を使《つか》い岩山《いわやま》をよじ登《のぼ》るフリークライミングから派生《はせい》。1980年代《ねんだい》に人工壁《じんこうへき》が登場《とうじょう》して普《ふ》及《きゅう》、2021年東京大会《ねんとうきょうたいかい》からオリンピック種目《しゅもく》に。

ここに注目《ちゅうもく》!

伝統的《でんとうてき》にアルプス山脈周辺《さんみゃくしゅうへん》のヨーロッパ勢《ぜい》が強《つよ》かったが、今《いま》やアジアをはじめ世界中《せかいじゅう》で大人気《だいにんき》。特《とく》に日本《にほん》では、基礎体力《きそたいりょく》や瞬発力《しゅんぱつりょく》に加《くわ》え、いかに最短《さいたん》ルートでゴールに到達《とうたつ》するかという頭脳力《ずのうりょく》も問《と》われる「ボルダリング」を得意《とくい》とする選手《せんしゅ》が多《おお》い。

じつは
ハンドボール選手《せんしゅ》は試合中《しあいちゅう》、指《ゆび》に両面《りょうめん》テープを巻《ま》く！

屋内《おくない》で行《おこな》う球技《きゅうぎ》として長《なが》い歴史《れきし》を持《も》ち、日本《にほん》でも根強《ねづよ》い人気《にんき》を誇《ほこ》るハンドボール。「球技《きゅうぎ》の中《なか》の格闘技《かくとうぎ》」とも呼《よ》ばれるように、その攻防《こうぼう》の激《はげ》しさは実《じつ》に迫力満点《はくりょくまんてん》で、ナマで観戦《かんせん》すると思《おも》わず興奮《こうふん》してしまいます。

男子用《だんしよう》で直径約《ちょっけいやく》19㎝。レタスほどもある大《おお》きさのボールをしっかりと掴《つか》むには手《て》の大《おお》きさや握力《あくりょく》が大事《だいじ》なのは誰《だれ》にでも想像《そうぞう》がつきますが、実《じつ》はこんな意外《いがい》なワザを使《つか》うのもOKです。そう、ハンドボールの公式《こうしき》ルールでは、ボールを掴《つか》みやすくする目的《もくてき》から、試合中《しあいちゅう》に両面《りょうめん》テープや松《まつ》ヤニを使用《しよう》することが認《みと》められているのです。

他《ほか》の球技《きゅうぎ》では考《かんが》えにくいルールですが、それだけボールをキープするのが難《むずか》しいということ。守備側《しゅびがわ》には相手《あいて》の腕《うで》を直接掴《ちょくせつつか》むような激《はげ》しい接触《せっしょく》プレーも認《みと》められていて、「素手《すで》で戦《たたか》う」のはかなり不利《ふり》といえます。

ハンドボール

こんなスポーツ

長《なが》さ40ｍ×幅《はば》20ｍのコートを使用《しよう》し、コートプレーヤー６人《にん》＋ゴールキーパー１人《り》の７人《にん》のチーム同士《どうし》が戦《たたか》う。ドリブルやパスを駆使《くし》して相手《あいて》ゴールを目指《めざ》し、シュートする。

発祥《はっしょう》や歴史《れきし》

19世紀末《せいきまつ》に誕生《たんじょう》。デンマーク発祥《はっしょう》の7人制《にんせい》、ドイツ発祥《はっしょう》の11人制《にんせい》がそれぞれ独自《どくじ》に発展《はってん》したが、第二次世界大戦後《だいにじせかいたいせんご》からは7人制《にんせい》が主流《しゅりゅう》となった。

ここに注目《ちゅうもく》！

目《め》まぐるしい攻守《こうしゅ》の転換《てんかん》、そしてシュートの応酬《おうしゅう》が魅力《みりょく》。1試合《しあい》両《りょう》チーム合《あ》わせ数十《すうじゅう》～100回《かい》ほどの得点《とくてん》チャンスがあるといわれる。ロングシュートにサイドシュート、さらに空中《くうちゅう》でボールを掴《つか》みそのまま打《う》ち込《こ》むスカイシュートなど多種多《たしゅた》様《よう》なシュートに観戦者《かんせんしゃ》の胸《むね》も躍《おど》る！

じつは

サッカーはレッドカード・イエローカードの他《ほか》にグリーンカードがある！

サッカーファンでなくとも、「イエローカード」や「レッドカード」の意味《いみ》はなんとなく知《し》っているでしょう。イエローが「警《けい》告《こく》」で、レッドが「退場《たいじょう》」。いずれにしても、なるべくもらいたくないカードですよね。

一方《いっぽう》、サッカーの世界《せかい》には、「もらって嬉《うれ》しい」カードも存在《そんざい》します。それは「グリーンカード」と呼《よ》ばれるもので、日本《にほん》サッカー協会《きょうかい》がフェアプレーを推奨《すいしょう》するために独自《どくじ》に発案《はつあん》し、12歳以下《さいいか》の大会《たいかい》を対象《たいしょう》として導入《どうにゅう》しているカードです。

これは、審判《しんぱん》に「お、エラい！」と思《おも》わせるようなプレー、たとえば、ケガをした相手選手《あいてせんしゅ》を思《おも》いやったり、意図《いと》せずファウルしてしまった時《とき》にすぐ謝《あやま》ったり、自分《じぶん》のチームに不利《ふり》であってもプレーの内容《ないよう》を正《ただ》しく申告《しんこく》したり……といったフェアな態度《たいど》をとった選手《せんしゅ》やチームに与《あた》えられます。

おまけのじつは

試合中《しあいちゅう》、審判《しんぱん》が自分《じぶん》に レッドカードを出《だ》したことも!?

1998年《ねん》4月《がつ》、イギリスのアマチュアリーグの試合《しあい》で「事件《じけん》」は起《お》きた。主審《しゅしん》を務《つと》めたメルビン・シルベスター氏《し》は、試合《しあい》中《ちゅう》にヒートアップした選手《せんしゅ》によって後《うし》ろから突《つ》き飛《と》ばされると、思《おも》わずその選手《せんしゅ》を殴《なぐ》ってしまった。我《われ》に返《かえ》ったシルベスター氏《し》が取《と》った行動《こうどう》に周囲《しゅうい》は唖然《あぜん》。なんと、自分自身《じぶんじしん》にレッドカードを出《だ》して退場《たいじょう》してしまったのだ。2005年《ねん》2月《がつ》にも、やはりイギリスで主審《しゅしん》が笛《ふえ》を投《な》げ捨《す》てゴールキーパーと格闘《かくとう》した後《のち》、自分《じぶん》にレッドカードを出《だ》した例《れい》がある。また、2017年《ねん》には、スコットランドのプレミアシップの試合中《しあいちゅう》に体調不良《たいちょうふりょう》の副審《ふくしん》がサイドラインで嘔吐《おうと》し、主審《しゅしん》が冗談《じょうだん》交《ま》じりにレッドカードをチラ見《み》せする珍事《ちんじ》も起《お》きている。

じつは！ ホッケーは水浸《みずびた》しの芝生《しばふ》でプレーする！

試合前《しあいまえ》や試合中《しあいちゅう》に雨《あめ》が降《ふ》り、やむをえずフィールドコンディションが悪《わる》い中《なか》でプレーを続《つづ》けることは他《ほか》の競技《きょうぎ》でもよくありますが、はじめからフィールドを水浸《みずびた》し状態《じょうたい》にしてしまうのはホッケーくらいのもの。しかしなんでまた、そんな厄介《やっかい》なことを……？

その目的《もくてき》は選手《せんしゅ》への嫌《いや》がらせでも、はたまた「修行《しゅぎょう》の一環《いっかん》」でもなく、そうしておいた方《ほう》がボールがよく滑《すべ》って、より遠《とお》くへ飛《と》ぶからに他《ほか》なりません。また、ホッケーの試合《しあい》は人工芝《じんこうしば》のフィールドで行《おこな》われるのが一般的《いっぱんてき》なため、選手《せんしゅ》が転倒《てんとう》した際《さい》に摩擦《まさつ》熱《ねつ》によるやけどを負《お》ってしまわないように、という安全面《あんぜんめん》からの措置《そち》でもあります。

なお、試合前《しあいまえ》にフィールドにまく水《みず》の量《りょう》は1.5ｔ！試合中《しあいちゅう》はスティックでボールを打《う》つときに水《みず》しぶきがあがってしまうくらいのビッショリ具合《ぐあい》がキープされています。

ホッケー

こんなスポーツ

11人《にん》ずつの2チームに分《わ》かれ、先端部《せんたんぶ》の曲《ま》がったスティックでボールを操《あやつ》り、パスを回《まわ》しながら相手《あいて》ゴールへ打《う》ち込《こ》み、総得点《そうとくてん》を競《きそ》う。より小《ちい》さなフィールドで行《おこな》う6人制《にんせい》もある。

発祥《はっしょう》や歴史《れきし》

起源《きげん》は古代《こだい》エジプトにまで遡《さかのぼ》るが、近代《きんだい》ホッケーは19世紀《せいき》のイギリスで発祥《はっしょう》。1908年《ねん》ロンドン大会《たいかい》でオリンピックに初登場《はつとうじょう》し、1976年《ねん》モントリオール大会《たいかい》で人工芝《じんこうしば》フィールドを導入《どうにゅう》。

ここに注目《ちゅうもく》！

シュートの打《う》ち合《あ》いや、スティックを華麗《かれい》に操《あやつ》りながらのパス回《まわ》しは観客《かんきゃく》を魅了《みりょう》。敵陣《てきじん》の守備網《しゅびもう》をかいくぐりシュートを放《はな》つ、スピード感《かん》溢《あふ》れるゴール前《まえ》の攻防《こうぼう》は思《おも》わずアツくなってしまうはず。フル装備《そうび》で立《た》ちはだかるゴールキーパーの勇《ゆう》姿《し》、その果敢《かかん》な守備《しゅび》も見《み》どころだ。

じつは

体操《たいそう》は滑《すべ》り止《ど》めにハチミツを使《つか》う！

食《た》べて美味《おい》しく美容《びよう》によく、万能薬《ばんのうやく》ともいわれるハチミツですが、まさかこんな使《つか》い道《みち》があったとは女王《じょおう》バチも仰天《ぎょうてん》でしょう。

体操選手《たいそうせんしゅ》が演技《えんぎ》の前《まえ》に白《しろ》い粉《こな》を手《て》につけている様子《ようす》はおなじみの光景《こうけい》です。この粉《こな》は「炭酸《たんさん》マグネシウム」で、日本《にほん》では通称《つうしょう》「タンマ」と呼《よ》ばれています。もちろん滑《すべ》り止《ど》めのために使《つか》われるわけですが、この「タンマ」を手《て》になじませる方法《ほうほう》は選手《せんしゅ》によって異《こと》なり、まさに十人十色《じゅうにんといろ》なのです。

よく使《つか》われるのは真水《まみず》や砂糖水《さとうみず》ですが、男子史上最年少《だんししじょうさいねんしょう》（17歳《さい》1か月《げつ》）で世界選手《せかいせんしゅ》権《けん》の金《きん》メダルを獲得《かくとく》した白井健三選手《しらいけんぞうせんしゅ》は、跳馬《ちょうば》をとぶ前《まえ》に手《て》にハチミツを塗《ぬ》っていることでも有名《ゆうめい》。ホールド力《りょく》をキープするのにハチミツは絶対《ぜったい》に欠《か》かせないそうです。

金《きん》メダルがかかっていると知《し》れば、働《はたら》きバチもますます仕事《しごと》に身《み》が入《はい》るのでは!?

体操《たいそう》

こんなスポーツ

床《ゆか》あるいは器械《きかい》を使《つか》って行《おこな》われ、技《わざ》の難度《なんど》や美《うつく》しさ、安定性《あんていせい》などを基準《きじゅん》に得点《とくてん》を競《きそ》う。

発祥《はっしょう》や歴史《れきし》

1811年《ねん》、ベルリン郊外《こうがい》に小《ちい》さな体育館《たいいくかん》が開設《かいせつ》され、そこに置《お》かれた様々《さまざま》な器械《きかい》が原型《げんけい》となり各競技種目《かくきょうぎしゅもく》に発展《はってん》した。男子《だんし》は床運動《ゆかうんどう》(ゆか)・鞍馬《あんば》・吊《つ》り輪《わ》・跳馬《ちょうば》・平行棒《へいこうぼう》・鉄棒《てつぼう》の6種目《しゅもく》、女子《じょし》は跳馬《ちょうば》・段違《だんちが》い平行棒《へいこうぼう》・平均台《へいきんだい》・床運動《ゆかうんどう》の4種目《しゅもく》がある。

ここに注目《ちゅうもく》!

数々《かずかず》の名選手《めいせんしゅ》を輩出《はいしゅつ》してきた「体《たい》操《そう》ニッポン」。「ヤマシタ」「ツカハラ」「モリスエ」など日本人選手《にほんじんせんしゅ》の名前《なまえ》を冠《かん》した技《わざ》も多《おお》く、強豪国《きょうごうこく》として長《なが》く君臨《くんりん》してきた。超高難度《ちょうこうなんど》の新技《しんわざ》が続々《ぞくぞく》と登場《とうじょう》する、まさに「進化《しんか》するスポーツ」の代名詞《だいめいし》であり、常《つね》に新《あたら》しい興奮《こうふん》がある。

じつは

バドミントンのシャトルは水鳥《みずとり》3～4羽《わ》の羽根《はね》が必要《ひつよう》！

バドミントンの公式試合《こうしきじあい》で使用《しよう》されるシャトルは、半球状《はんきゅうじょう》の形《かたち》のコルクにガチョウやアヒルなどの水鳥《みずとり》の羽根《はね》を接着《せっちゃく》して作《つく》られています。1個《こ》のシャトルを作《つく》るにあたり、計《けい》16枚《まい》の羽根《はね》が必要《ひつよう》となります。

1羽《わ》の水鳥《みずとり》の羽根《はね》から使《つか》えるのは、左右《さゆう》の翼《つばさ》から各《かく》7枚《まい》ずつの計《けい》14枚《まい》のみ。水鳥《みずとり》1羽《わ》でシャトル1個分《こぶん》にもならないのです。しかも、飛行《ひこう》を安定《あんてい》させるためには、左右《さゆう》どちらか一方《いっぽう》の翼《つばさ》の羽根《はね》で揃《そろ》えなければなりません。つまり、2羽《わ》でも足《た》りない計算《けいさん》です。愛鳥家《あいちょうか》でなくとも、ショックで思《おも》わず「ガチョーン！」と叫《さけ》びたくなります。

さらに、質《しつ》の良《よ》い羽根《はね》だけをセレクトして材料《ざいりょう》に用《もち》いる場合《ばあい》は、なおのこと多《おお》くの鳥《とり》が必要《ひつよう》になってきます。そんなワケで結《けっ》局《きょく》のところ、シャトル1個《こ》あたり平均《へいきん》3～4羽分《わぶん》もの羽根《はね》が使《つか》われているのでした。

おまけのじつは

試合中《しあいちゅう》にシャトルの羽根《はね》が1本《ぽん》でも折《お》れたら即交換《そくこうかん》！

公式《こうしき》ルールでは、試合中《しあいちゅう》に羽根《はね》が1本《ぽん》でも折《お》れたり欠《か》けたりしたらすぐに交換《こうかん》しなければならない。素材《そざい》がデリケートなだけに、激《はげ》しい打《う》ち合《あ》いが繰《く》り広《ひろ》げられるトップクラスの選手《せんしゅ》の試合《しあい》では、多《おお》いときには1試合《しあい》で40個以上《こいじょう》ものシャトルが消費《しょうひ》されることもある。資源保護《しげんほご》やコストの観点《かんてん》から、合成素材《ごうせいそざい》（ナイロンなど）の羽根《はね》で作《つく》られたものや、プラスチック製《せい》のシャトルも練習《れんしゅう》や遊《あそ》びではよく使《つか》われている。一方《いっぽう》、ラケットに張《は》るガットも、高級品《こうきゅうひん》では羊《ひつじ》の腸《ちょう》など動物由来《どうぶつゆらい》の素材《そざい》が使用《しよう》される。ちなみに、試合《しあい》の途中《とちゅう》でガットが切《き》れてしまった場合《ばあい》、ラリー中《ちゅう》であってもラケットごと交換《こうかん》できる。しかも、ラケット交換《こうかん》は何度《なんど》でもOKなのだ。

じつは

カヌースラロームは1試合《しあい》に審判《しんぱん》が30人《にん》以上《いじょう》いる！

カヌー競技《きょうぎ》の「スラローム」といえば、激《はげ》しく水《みず》しぶきをあげながら決《き》められたゲートを通過《つうか》し、ゴールを目指《めざ》すという種目《しゅもく》。選手《せんしゅ》が自由自在《じゆうじざい》にカヌーを操《あやつ》り、変化《へんか》に富《と》んだ急流《きゅうりゅう》を攻略《こうりゃく》していくダイナミックでスリリングな展開《てんかい》に、目《め》も心《こころ》も釘付《くぎづ》けに！

1コースに18～25か所《しょ》ほど設《もう》けられているゲート（関門《かんもん》）を、いかに確実《かくじつ》かつ効率的《こうりつてき》に通過《つうか》していくかが勝負《しょうぶ》の分《わ》かれ目《め》。ゲートのポールに船体《せんたい》や船《ふね》をこぐパドルが接触《せっしょく》したり、決《き》められた方向《ほうこう》に向《む》けてきちんと通過《つうか》できなかったりした場合《ばあい》にはペナルティタイムが与《あた》えられます。

なお、ゲートの通過《つうか》／非通過《ひつうか》は、センサーなどの機器《きき》は使《つか》わずにあくまで人間《にんげん》（1ゲートにつき1審判《しんぱん》）の目《め》で判定《はんてい》。ですから、おのずと審判《しんぱん》の数《かず》は多《おお》くなってしまうというわけなのです。

カヌー

こんなスポーツ

オリンピック競技種目《きょうぎしゅもく》には、直線《ちょくせん》コースでスピードを競《きそ》う「スプリント」、決《き》められた複数《ふくすう》のゲートを通過《つうか》して激流《げきりゅう》を下《くだ》るタイムを争《あらそ》う「スラローム」があり、それぞれカヤックとカナディアン部《ぶ》門《もん》がある。男女《だんじょ》合《あ》わせて計《けい》16の種目《しゅもく》がある。

発祥《はっしょう》や歴史《れきし》

昔《むかし》から親《した》しまれてきたが、スポーツとしてのカヌーは19世紀半《せいきなか》ばに発祥《はっしょう》。1964年東京《ねんとうきょう》オリンピックを契機《けいき》に日本《にほん》でも競技人口《きょうぎじんこう》が増加《ぞうか》。

ここに注目《ちゅうもく》!

バラエティに富《と》むカヌー競技《きょうぎ》。河《か》川《せん》の一定区間《いっていくかん》を自由《じゆう》なルートで漕《こ》ぎ下《くだ》りタイムを競《きそ》う「ワイルドウォーター」や、東南《とうなん》アジア発祥《はっしょう》の「ドラゴンカヌー」（日本語《にほんご》では「龍舟競《りゅうしゅうきょう》漕《そう》」とも！）なる手漕《てこ》ぎ舟《ぶね》のレースなど、名前《なまえ》からしてワクワクするような種目《しゅもく》が多《おお》くある。

じつは オリンピックで使《つか》う50mプールは50m以上《いじょう》ある!

学校《がっこう》のプールの長《なが》さは25m(短水路《たんすいろ》)がほとんどですが、オリンピックなどの公式《こうしき》試合《しあい》で使用《しよう》される競泳用《きょうえいよう》プールの長《なが》さは50m(長水路《ちょうすいろ》)となっています。

ところがこの競泳用《きょうえいよう》プール、厳密《げんみつ》には50m+2cmの長《なが》さで作《つく》られているのです。世《せ》界《かい》レベルの水泳選手《すいえいせんしゅ》は0・01秒単位《びょうたんい》でタイムを競《きそ》っているだけに、ちょっと意地悪《いじわる》なようにも感《かん》じられますが、この「+2cm」はハッキリと規則《きそく》に定《さだ》められています。「+3cm」でも「+5cm」でもダメなのです。

間違《まちが》ってプールを短《みじか》く作《つく》ってしまわないよう、「保険《ほけん》」としてほんの少《すこ》しだけ長《なが》くしておいた……というわけでは決《けっ》してありません。これは、タイム計測《けいそく》に使《つか》う厚《あつ》さ1cmのタッチ板《ばん》をプールの両端《りょうはし》に1枚《まい》ずつ設置《せっち》するための必要措置《ひつようそち》。つまり、実際《じっさい》に泳《およ》ぐ距離《きょり》はピッタリ50mになっているのです。

競泳《きょうえい》

こんなスポーツ

50m・100m・200mなどの一定《いってい》の距離《きょり》を決《き》められた泳法《えいほう》で泳《およ》ぎ、タイムを競《きそ》う。種目《しゅもく》には、自由形《じゆうがた》・背泳《せおよ》ぎ・平泳《ひらおよ》ぎ・バタフライの4泳法《えいほう》があり、これらを順《じゅん》に泳《およ》ぐ個人《こじん》メドレーもある。

発祥《はっしょう》や歴史《れきし》

競泳《きょうえい》の歴史《れきし》は19世紀《せいき》に始《はじ》まる。1837年《ねん》にロンドンで世界初《せかいはつ》の水泳大会《すいえいたいかい》が行《おこな》われ、1896年《ねん》の第《だい》1回《かい》アテネオリンピックから正式競技《せいしききょうぎ》に採用《さいよう》された。

ここに注目《ちゅうもく》！

順位《じゅんい》だけではなく、記録《きろく》の壁《かべ》を破《やぶ》るという意味《いみ》では「過去《かこ》の自分《じぶん》との戦《たたか》い」でもある競泳《きょうえい》。0.01秒《びょう》を争《あらそ》い、一心不乱《いっしんふらん》に水《みず》をかき分《わ》けながら「今《いま》」に全《すべ》てをかける競泳《きょうえい》選手《せんしゅ》の姿《すがた》は感動《かんどう》を誘《さそ》う。プールサイドでナマ観戦《かんせん》すれば、その感動《かんどう》はさらに強烈《きょうれつ》になること間違《まちが》いナシ！

じつは

土俵《どひょう》はビール瓶《びん》でつくる！

　力士《りきし》たちが熱《あつ》い戦《たたか》いを繰《く》り広《ひろ》げる大相撲《おおずもう》の土俵《どひょう》は場所《ばしょ》ごとに作《つく》り替《か》えられます。作《さ》業《ぎょう》は場所初日《ばしょしょにち》の5～6日前《にちまえ》からスタートし、「呼出《よびだし》」という進行役《しんこうやく》の人《ひと》たちが総出《そうで》で丸《まる》3日間《かかん》をかけて土《つち》を盛《も》るのです。

　国技館《こくぎかん》の場合《ばあい》、全部《ぜんぶ》を作《つく》り直《なお》すのではなく、古《ふる》い土《つち》を上《うえ》から20～30㎝ほど削《けず》り、削《けず》った分《ぶん》だけ新《あたら》しい土《つち》（4ｔ車《しゃ》で2～3台分《だいぶん》ほど）を盛《も》っていきます。この作業《さぎょう》を「打《う》ち直《なお》し」といい、機械《きかい》は一切使用《いっさいしよう》せず、くわや棒《ぼう》など専用《せんよう》の道具《どうぐ》を使《つか》って、全《すべ》て手作《てさ》業《ぎょう》でコツコツ形《かたち》を整《ととの》えていくのです。

　仕上《しあ》げ作業《さぎょう》に使《つか》われるのは、これがなんと、ビール瓶《びん》！　叩《たた》いたり転《ころ》がしたりして土《つち》の硬《かた》さを念入《ねんい》りに調整《ちょうせい》し、「勝負俵《しょうぶだわら》」と呼《よ》ばれる円形《えんけい》の部分《ぶぶん》もこれで整形《せいけい》します。

　しかしなぜ、ビール瓶《びん》なのか。理由《りゆう》はズバリ、「使《つか》いやすいから」なんだそうです。

おまけのじつは

土俵《どひょう》の上《うえ》には……神様《かみさま》がいる!?「柏手《かしわで》パン！」と「塩《しお》」のワケ

もともと相撲《すもう》は神事《しんじ》（神《かみ》に奉納《ほうのう》する儀式《ぎしき》）として始《はじ》まった。古《ふる》くは力士《りきし》の勝敗《しょうはい》によって豊作《ほうさく》や豊漁《ほうりょう》になるかどうかを占《うらな》っていたのだ。土俵《どひょう》は神《かみ》が宿《やど》る場所《ばしょ》と考《かんが》えられ、力士《りきし》が土俵入《どひょうい》りするとき、神社《じんじゃ》でそうするように「パン！」と柏手《かしわで》を打《う》つが、これも神様《かみさま》へのあいさつ。土俵上《どひょうじょう》に塩《しお》をまくのも、怪我《けが》をしないよう神様《かみさま》に祈《いの》り、邪気《じゃき》を払《はら》い清《きよ》めるという意味《いみ》がある。女人禁制《にょにんきんせい》、つまり女性《じょせい》が土俵《どひょう》に上《あ》がれないのも「伝統《でんとう》のしきたり」とされるが、これについては様々《さまざま》な意見《いけん》がある。大相撲《おおずもう》の表彰式《ひょうしょうしき》で女性政治家《じょせいせいじか》が優勝杯《ゆうしょうはい》などを土俵上《どひょうじょう》で力士《りきし》に直接手渡《ちょくせつてわた》したいと希望《きぼう》した例《れい》もあるが、これまで日本相撲協会《にほんすもうきょうかい》は「遠慮《えんりょ》してほしい」と断《ことわ》り続《つづ》けている。

じつは

ボブスレーの選手《せんしゅ》はそりの重《おも》さに合《あ》わせて体重《たいじゅう》を変《か》える！

スポーツの道具《どうぐ》は自分《じぶん》の体形《たいけい》やコンディションに見合《みあ》ったものを採用《さいよう》するのが基本《きほん》中《ちゅう》の基本《きほん》。無理《むり》して体《からだ》に合《あ》わないものを使《つか》ったばかりに、思《おも》わぬケガをしたり、スランプに見舞《みま》われたりする例《れい》はよくあります。

とはいえ、ボブスレー選手《せんしゅ》の場合《ばあい》、そんな悠長《ゆうちょう》なことを言《い》っていられない事情《じじょう》があります。つまり、「そりに自分《じぶん》の体《からだ》を合《あ》わせる」必要《ひつよう》にいつも迫《せま》られているのです。

というのも、例《たと》えば男子《だんし》2人《り》乗《の》りボブスレーでは、そりの重《おも》さと選手《せんしゅ》の体重《たいじゅう》を足《た》した総重量《そうじゅうりょう》が390kgまでと決《き》まっています。基本的《きほんてき》に総重量《そうじゅうりょう》が重《おも》いほど有利《ゆうり》（速度《そくど》が上《あ》がる）な上《うえ》、より軽《かる》いそりを、より重《おも》い選手《せんしゅ》が押《お》してスタートダッシュした方《ほう》が加速度《かそくど》はアップします。ですから、軽量化《けいりょうか》した新型《しんがた》そりを導入《どうにゅう》する際《さい》には、上限《じょうげん》ギリギリまで選手《せんしゅ》が太《ふと》るのがセオリーなのです。

ボブスレー

こんなスポーツ

鉄製《てつせい》の枠《わく》に流線型《りゅうせんけい》のカバーをつけた独特《どくとく》の形状《けいじょう》のそりに2人《り》あるいは4人《にん》の選手《せんしゅ》が乗《の》り込《こ》み、氷上《ひょうじょう》のコースを滑走《かっそう》して、そのタイムを競《きそ》うウインタースポーツ。

発祥《はっしょう》や歴史《れきし》

スイスのアルプス地方《ちほう》で誕生《たんじょう》。当初《とうしょ》は雪山遊《ゆきやまあそ》びのひとつだったが、やがてスポーツとして発《はっ》展《てん》していき、1923年《ねん》には国際《こくさい》ボブスレー・トボガニング連盟《れんめい》が創設《そうせつ》された。

ここに注目《ちゅうもく》!

第《だい》1回冬季《かいとうき》オリンピックから実施《じっし》された歴史《れきし》ある競技《きょうぎ》。年々進化《ねんねんしんか》するボブスレー用《よう》そりの開発競争《かいはつきょうそう》もたびたび話題《わだい》に。人間《にんげん》がエンジンでありながら、最高速度《さいこうそくど》は時速《じそく》120km以上《いじょう》、コースによっては時速《じそく》150kmにも達《たっ》する。「氷上《ひょうじょう》のF1《エフワン》」とも呼《よ》ばれる。

じつは

ボクシングのサンドバッグには砂《すな》は入《はい》っていない！

「名《な》は体《たい》を表《あらわ》す」といいますが、世《よ》の中《なか》の現実《げんじつ》はそれほど単純《たんじゅん》ではありません。サンドバッグを直訳《ちょくやく》すれば「砂袋《すなぶくろ》」。当然《とうぜん》、砂《すな》がギッシリ詰《つ》まっているものと、素直《すなお》な人《ひと》ほどそう考《かんが》えます。ところがどっこい、砂《すな》なんか一粒《ひとつぶ》も入《はい》ってなかったのです（涙《なみだ》）。

実《じつ》はそもそも、そう呼《よ》んでいるのは日本《にほん》だけ。海外《かいがい》では「パンチングバッグ」「トレーニングバッグ」などと呼《よ》ばれています。いわゆる、和製英語《わせいえいご》というヤツですね。

日本《にほん》にボクシングが伝《つた》わったのは大正時《たいしょうじ》代《だい》。練習用《れんしゅうよう》のバッグもその頃《ころ》に入《はい》ってきたのですが、当時《とうじ》のボクサー志願者《しがんしゃ》たちは一体何《いったいなに》を中《なか》に詰《つ》めたらいいかわからず、とりあえず砂《すな》を投入《とうにゅう》しました。しかし、すぐに砂《すな》はガチガチに固《かた》まり、拳《こぶし》を痛《いた》める人《ひと》が続出《ぞくしゅつ》。「こらアカン！」と中身《なかみ》を入《い》れ替《か》えたものの、名前《なまえ》だけはそのまま残《のこ》ったのでした。

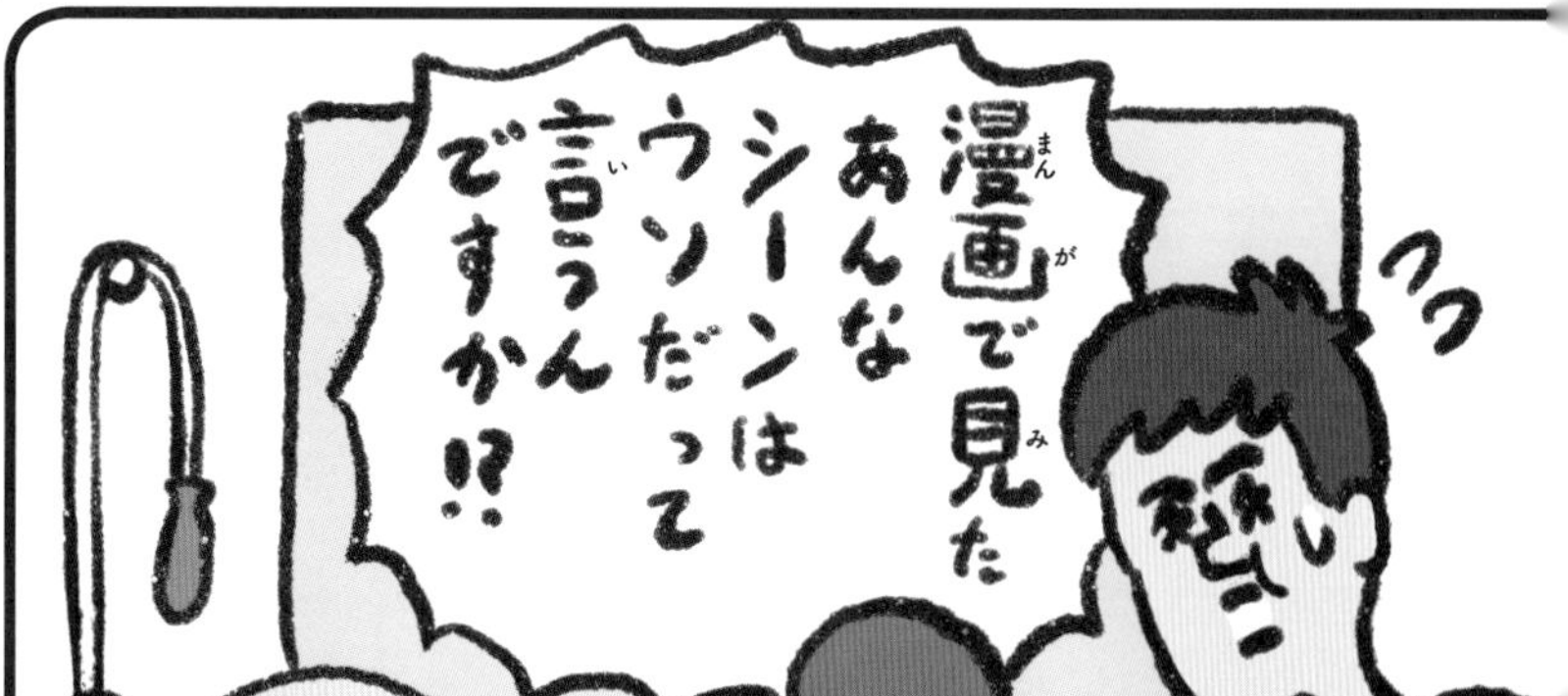

ボクシング

こんなスポーツ

両手《りょうて》の拳《こぶし》にグローブを着用《ちゃくよう》しパンチだけで戦《たたか》う一対一《いったいいち》の格闘技《かくとうぎ》。攻撃対象《こうげきたいしょう》になるのは上半《じょうはん》身《しん》の前面《ぜんめん》と側面《そくめん》のみ。体重別《たいじゅうべつ》に階級《かいきゅう》が分《わ》けられ、1ラウンドは3分間《ぷんかん》。オリンピックでは3ラウンド制《せい》のトーナメント方式《ほうしき》で行《おこな》われる。

発祥《はっしょう》や歴史《れきし》

起源《きげん》については諸説《しょせつ》あるが、現代《げんだい》ボクシングは19世紀後半《せいきこうはん》に確立《かくりつ》され、1904年《ねん》セントルイス大会《たいかい》でオリンピック種目《しゅもく》に（男子《だんし》のみ）。

ここに注目《ちゅうもく》!

心理面《しんりめん》を含《ふく》む選手間《せんしゅかん》の駆《か》け引《ひ》きや、相手《あいて》の一瞬《いっしゅん》の隙《すき》を突《つ》く発想《はっそう》と動作《どうさ》、ダメージを最小限《さいしょうげん》に食《く》いとめる防御技術《ぼうぎょぎじゅつ》、さらにはスタミナの温存《おんぞん》など、勝負《しょうぶ》には様々《さまざま》な要素《ようそ》が絡《から》んでくる。国籍《こくせき》も年齢《ねんれい》もバラバラで、個性溢《こせいあふ》れるボクサーたちのキャラも観戦《かんせん》ポイントだ。

じつは 最《もっと》も速《はや》い速度《そくど》を生《う》むスポーツはバドミントン！

スポーツにおける〝世界最速《せかいさいそく》〟の記録《きろく》とは？　それは野球《やきゅう》の打球《だきゅう》でも、サッカーのシュートでも、はたまたテニスのサービスでも、あるいはゴルフのドライバーショットでもなく……。意外《いがい》かもしれませんが、バドミントンのスマッシュによるものです。

マレーシアのタン・ブンホン選手《せんしゅ》は、初《しょ》速《そく》493km／hというスマッシュ速度《そくど》の記《き》録《ろく》を残《のこ》しています。現代《げんだい》のプロ野球《やきゅう》で「豪《ごう》速球投手《そっきゅうとうしゅ》」と呼《よ》ばれる選手《せんしゅ》の投《な》げるストレートが、最速《さいそく》160km／h前後《ぜんご》であることを考《かんが》えても、ケタ違《ちが》いのスピードと言《い》うほかありません。

スマッシュでない普通《ふつう》のショットでも時《じ》速《そく》300km台《だい》と言《い》われますが、シャトルは空気抵抗《くうきていこう》が大《おお》きく空中《くうちゅう》で速度《そくど》がガクンと落《お》ちます。〝最速《さいそく》〟のイメージがどうもフィットしないのも、その辺《あた》りが理由《りゆう》なのかも。

おまけのじつは

初速《しょそく》と終速《しゅうそく》の落差《らくさ》もボールとはケタ違《ちが》い！

「球技《きゅうぎ》」でありながらボールを使《つか》わないバドミントン。シャトルの独特《どくとく》の形状《けいじょう》、そしてわずか5gという軽《かる》さがショットの初速《しょそく》と終速《しゅうそく》の大《おお》きな落差《らくさ》を生《う》む。時速《じそく》400km台《だい》のスマッシュでも、相手《あいて》コートに到達《とうたつ》する時点《じてん》では時速《じそく》50kmほどに減速《げんそく》。この激《はげ》しい速度変化《そくどへんか》を利用《りよう》したプレー、緩急《かんきゅう》の駆《か》け引《ひ》きのテクニックが勝敗《しょうはい》に直結《ちょっけつ》するのだ。なお、公式試合《こうしきじあい》で使《つか》われるシャトルの形状《けいじょう》にはそれぞれ飛距離《ひきょり》の異《こと》なる7つのタイプがあり、状況《じょうきょう》に応《おう》じて使《つか》い分《わ》けられている。シャトルの飛距離《ひきょり》は気温《きおん》や標高《ひょうこう》など試合環境《しあいかんきょう》の違《ちが》いによって変化《へんか》するからだ。一般的《いっぱんてき》に、気温《きおん》が低《ひく》いほど飛距離《ひきょり》は短《みじか》くなり、気温《きおん》が高《たか》いほど飛距離《ひきょり》は伸《の》びる。

じつは

パワーリフティングはパラスポーツ選手《せんしゅ》が世界記録《せかいきろく》を持《も》っている！

「パワーリフティング」にも様々《さまざま》な種目《しゅもく》がありますが、パラリンピックではとくに「ベンチプレス」と呼《よ》ばれる種目《しゅもく》だけが行《おこな》われています。ベンチ台《だい》に横《よこ》になった状態《じょうたい》でバーベルを胸《むね》につけ、上半身《じょうはんしん》の筋力《きんりょく》だけを使《つか》って持《も》ち上《あ》げるという競技《きょうぎ》です。

下半身《かはんしん》に障《しょう》がいのある選手《せんしゅ》が出場《しゅつじょう》するのですが、なかには自分《じぶん》の体重《たいじゅう》の3倍以上《ばいいじょう》の重量《じゅうりょう》を持《も》ち上《あ》げてしまうツワモノも……。

イランのラーマン選手《せんしゅ》は足《あし》に生《う》まれつき障《しょう》がいがありながら、2010年《ねん》の世界選《せかいせん》手権《しゅけん》の男子最重量階級《だんしさいじゅうりょうかいきゅう》（100kg超級《ちょうきゅう》）で当時《とうじ》の世界記録《せかいきろく》となる285kgを樹立《じゅりつ》。さらに、2016年《ねん》リオパラリンピックでは自身《じしん》の記録《きろく》を更新《こうしん》する310kgを持《も》ち上《あ》げました。これは健常者《けんじょうしゃ》の世界記録《せかいきろく》を20kg以上《いじょう》も上回《うわまわ》る大記録《だいきろく》です。そう、彼《かれ》こそ、誰《だれ》もが認《みと》める人類最強《じんるいさいきょう》の上半身《じょうはんしん》の持《も》ち主《ぬし》！

おまけのじつは

ウエイトリフティングとパワーリフティングはどう違《ちが》う？

オリンピックの競技《きょうぎ》としての重量挙《じゅうりょうあ》げは「ウエイトリフティング」と呼《よ》ばれるもので、全身《ぜんしん》を使《つか》ってバーベルを持《も》ち上《あ》げ、その重量《じゅうりょう》を競《きそ》う。床《ゆか》から頭上《ずじょう》まで一気《いっき》にバーベルを持《も》ち上《あ》げる「スナッチ」と、床《ゆか》から肩《かた》までバーベルを引《ひ》き上《あ》げ、さらに肩《かた》から頭上《ずじょう》まで2段階《だんかい》でバーベルを持《も》ち上《あ》げる「クリーン＆ジャーク」の2種目《しゅもく》がある。

一方《いっぽう》、「パワーリフティング」には3種目《しゅもく》あり、バーベルを肩《かた》にかついだ状態《じょうたい》で屈伸《くっしん》する「スクワット」、床《ゆか》にあるバーベルを膝《ひざ》が伸《の》びきるまで引《ひ》き上《あ》げる「デッドリフト」、そしてパラ競技《きょうぎ》にも採用《さいよう》されている「ベンチプレス」がある。これら3種目《しゅもく》は、ウエイトトレーニングの中《なか》でも特《とく》に重要《じゅうよう》な「ビッグスリー」といわれている。

じつは

競歩《きょうほ》は世界大会《せかいたいかい》で１割《わり》が完走《かんそう》できないほど過酷《かこく》！

「陸上《りくじょう》で一番《いちばん》ツライ種目《しゅもく》は？」と聞《き》かれて、「マラソン」と答《こた》える人《ひと》は多《おお》いはず。しかし、マラソンに負《ま》けず劣《おと》らず「超過酷《ちょうかこく》！」なのが競歩《きょうほ》。「歩《ある》くことを競《きそ》う」という競技《きょうぎ》名《めい》からは簡単《かんたん》＆楽《らく》チンなスポーツのように思《おも》えますが、甘《あま》く見《み》てはいけません。

競歩《きょうほ》のツラサと難《むずか》しさは２つのルールに関係《かんけい》します。１つは、「常《つね》にどちらかの脚《あし》が地面《じめん》に接《せっ》してなければいけない」。もう１つは、「かかとが地面《じめん》についてから、脚《あし》が地面《じめん》と垂直《すいちょく》になるまでは膝《ひざ》を曲《ま》げてはならない」。実際《じっさい》にやってみれば、これが非常《ひじょう》にキツイ動作《どうさ》であることが誰《だれ》にでもわかります。

そんな細《こま》かい規則《きそく》を、数十《すうじゅっ》kmにわたって、しかも可能《かのう》な限《かぎ》り速《はや》いペース（時速《じそく》16kmにもなる）で守《まも》り続《つづ》けるのは実《じつ》に困難《こんなん》。コースのわきに立《た》つ審判《しんぱん》の目《め》は厳《きび》しく、反則《はんそく》を重《かさ》ねて失格《しっかく》になる選手《せんしゅ》が後《あと》を絶《た》ちません。

競歩《きょうほ》

こんなスポーツ

トラックないしロード（道路上《どうろじょう》）の決《き》められた距《きょ》離《り》を歩《ある》く競技《きょうぎ》。最長種目《さいちょうしゅもく》は50㎞。細《こま》かな規《き》則《そく》に沿《そ》って歩形《ほけい》（フォーム）を維持《いじ》する必要《ひつよう》があり、タイムや順位《じゅんい》を競《きそ》うと同時《どうじ》に、失格《しっかく》にならないことが重要《じゅうよう》になる。

発祥《はっしょう》や歴史《れきし》

1906年《ねん》アテネオリンピックで男子《だんし》トラック競技《きょうぎ》として正式種目《せいしきしゅもく》となり、1932年《ねん》ロサンゼルス大会《たいかい》からロード競技《きょうぎ》（50㎞）となった。

ここに注目《ちゅうもく》！

想像以上《そうぞういじょう》にハードで、奥《おく》の深《ふか》い競《きょう》技《ぎ》として知《し》る人《ひと》ぞ知《し》るスポーツ。タイムや順位《じゅんい》はもちろん、競歩選手《きょうほせんしゅ》の整然《せいぜん》としたフォームに目《め》を奪《うば》われるというファンは少《すく》なくない。日本《にほん》人選手《じんせんしゅ》のフォームの美《うつく》しさには定《てい》評《ひょう》があり、「世界《せかい》のお手本《てほん》」としてリスペクトされている選手《せんしゅ》も。

じつは！女子《じょし》ソフトボールの投手《とうしゅ》の球《たま》は金属《きんぞく》バットもへし折《お》る！

ソフトボールの投手《とうしゅ》が一流《いちりゅう》プロ野球選手《やきゅうせんしゅ》をキリキリ舞《ま》いにする光景《こうけい》はテレビなどでもよく見《み》られます。当《あ》たっても前《まえ》に飛《と》ばないどころか、バットが折《お》れることさえ……。

一般的《いっぱんてき》に、ソフトボールの速球《そっきゅう》の球速《きゅうそく》自体《たい》は、野球《やきゅう》に比《くら》べれば明《あき》らかに劣《おと》ります。ただし、マウンドからホームベースまでの距《きょ》離《り》が短《みじか》いため、その「体感速度《たいかんそくど》」、つまり実《じっ》際《さい》に打席《だせき》に立《た》った時《とき》に感《かん》じる速《はや》さは、ソフトボールの方《ほう》が上《うえ》だとも言《い》われます。

世界《せかい》トップクラスの女子《じょし》ソフトボール選《せん》手《しゅ》が投《とう》じる速球《そっきゅう》は時速《じそく》１１０km前後《ぜんご》。野球《やきゅう》では平凡《へいぼん》な数字《すうじ》ですが、投球後《とうきゅうご》にキャッチャーミットに入《はい》るまでの時間《じかん》はわずか0.3秒《びょう》ほど。体感速度《たいかんそくど》は時速《じそく》１６０～１７０kmにも相当《そうとう》し、その威力《いりょく》はときに金属《きんぞく》バットをも破壊《はかい》するほどです。まさに、「ソフト」とは名《な》ばかりの豪速球《ごうそっきゅう》なのです。

ソフトボール

こんなスポーツ

野球《やきゅう》から派生《はせい》した球技《きゅうぎ》で、大《おお》きく柔《やわ》らかいボールを使用《しよう》する。競技場《きょうぎじょう》は野球場《やきゅうじょう》より小《ちい》さく、投手《とうしゅ》は必《かなら》ず下手投《したてな》げで投球《とうきゅう》、一塁《いちるい》にはダブルベースを用《もち》いるなど、独自《どくじ》のルールがある。

発祥《はっしょう》や歴史《れきし》

アメリカで考案《こうあん》され、1996年《ねん》にオリンピックに初登場《はつとうじょう》（女子《じょし》のみ）。2008年《ねん》北京大会《ぺきんたいかい》を最《さい》後《ご》に正式競技《せいしききょうぎ》から外《はず》れたが、2021年東京大会《ねんとうきょうたいかい》で追加種目《ついかしゅもく》として復活《ふっかつ》。

ここに注目《ちゅうもく》！

左《ひだり》打者《だしゃ》が打席《だせき》の中《なか》で走《はし》りながらボールを叩《たた》く「スラップ打法《だほう》」など、野球《やきゅう》と似《に》て非《ひ》なるルールが生《う》んだテクニックや戦術《せんじゅつ》の駆《か》け引《ひ》きが面白《おもしろ》い。打者《だしゃ》の手元《てもと》で浮《う》き上《あ》がるライズボール、急落下《きゅうらっか》するドロップボールなど、下手投《したてな》げならではの変化《へんか》球《きゅう》を駆使《くし》した投球術《とうきゅうじゅつ》にも注目《ちゅうもく》。

じつは

カーリングのストーンは20年《ねん》に一度《いちど》しか採石《さいせき》できない!

一見《いっけん》どこにでもありそうで、漬物石《つけものいし》のようにも見《み》えるカーリングのストーン。実《じつ》はコレ、「超《ちょう》」がつく高級品《こうきゅうひん》。なんと1個《こ》あたり約《やく》10万円《まんえん》もするのです。1試合《しあい》で16個使用《こしよう》されるので……ざっと160万円《まんえん》!

しかし、一体《いったい》なぜそんなにまで高価《こうか》なのか? 理由《りゆう》はやはり、その材料《ざいりょう》にあります。公式大会《こうしきたいかい》で使用《しよう》されるストーンは、世界《せかい》でたった1か所《しょ》でしか採石《さいせき》できない非常《ひじょう》に貴重《きちょう》な石材《せきざい》から作《つく》られています。その石材《せきざい》とは特別《とくべつ》な強《つよ》さと均一《きんいつ》さをもつ花崗岩《かこうがん》で、カーリング発祥《はっしょう》の地《ち》・スコットランドの西《にし》の沖《おき》に浮《う》かぶ無人島《むじんとう》・アルサグレイグ島《とう》でしか産出《さんしゅつ》されません。しかも、資源保護《しげんほご》のため、20年《ねん》に一度《いちど》しか採石《さいせき》できない決《き》まり。いつでも簡単《かんたん》に作《つく》れるわけではないのです。

そんな事情《じじょう》を知《し》ると、1個《こ》10万円《まんえん》といわれても、「そだねー」と頷《うなず》くしかありません。

カーリング

こんなスポーツ

4人《にん》ずつの2チームに分《わ》かれて戦《たたか》う。各《かく》チームが交互《こうご》に8回《かい》ずつストーンを投《な》げ、進路上《しんろじょう》の氷《こおり》の面《めん》を擦《こす》りながら、目標《もくひょう》となる円《えん》の中心《ちゅうしん》により近《ちか》づけた方《ほう》が得点《とくてん》を得《え》る。

発祥《はっしょう》や歴史《れきし》

15～16世紀《せいき》にスコットランドもしくは北欧《ほくおう》で生《う》まれたといわれ、現在《げんざい》の公式《こうしき》ルールはカナダで確立《かくりつ》された。冬季《とうき》オリンピックの正式種目《せいしきしゅもく》となったのは1998年長野大会《ねんながのたいかい》から。

ここに注目《ちゅうもく》！

2018年平昌大会《ねんピョンチャンたいかい》で銅《どう》メダルに輝《かがや》いた女子代表《じょしだいひょう》チーム（ロコ・ソラーレ）の活躍《かつやく》で日本《にほん》でも人気急上昇《にんききゅうじょうしょう》。「氷上《ひょうじょう》のチェス」といわれるように、ち密《みつ》な戦略《せんりゃく》、状況《じょうきょう》に応《おう》じた慎重《しんちょう》さや大胆《だいたん》さが求《もと》められる。たった一《いっ》投《とう》で局面《きょくめん》が劇的《げきてき》に変《か》わるため、観戦中《かんせんちゅう》は思《おも》わず手《て》に汗《あせ》を握《にぎ》る！

じつは

パラ水泳《すいえい》では釣《つ》り竿《ざお》が使われている!

水泳競技《すいえいきょうぎ》を観《み》ていると、ターンやゴールのときに選手《せんしゅ》がプールの壁《かべ》にタッチしていますよね?しかし、視覚障害《しかくしょうがい》のある選手《せんしゅ》は、壁《かべ》までの距離《きょり》を確認《かくにん》できません。そこで、選手《せんしゅ》が壁《かべ》に近《ちか》づいたときに、コーチなどが棒《ぼう》で選手《せんしゅ》の体《からだ》に触《ふ》れて知《し》らせることが認《みと》められているのです。

この棒《ぼう》は「タッピングデバイス」と呼《よ》ばれていて、各国《かっこく》が独自《どくじ》に作《つく》っています。日本《にほん》では、初期《しょき》の頃《ころ》はモップの柄《え》や物干《ものほ》し竿《ざお》が使《つか》われていました。ところが重《おも》かったり大《おお》きかったりと不具合《ふぐあい》があったので、今《いま》は軽《かる》くて弾力性《だんりょくせい》がある釣《つ》り竿《ざお》が使《つか》われるようになりました。この日本製《にほんせい》タッピングデバイスは、海外《かいがい》チームから問《と》い合《あ》わせがあるほど完成度《かんせいど》が高《たか》いとのことです。

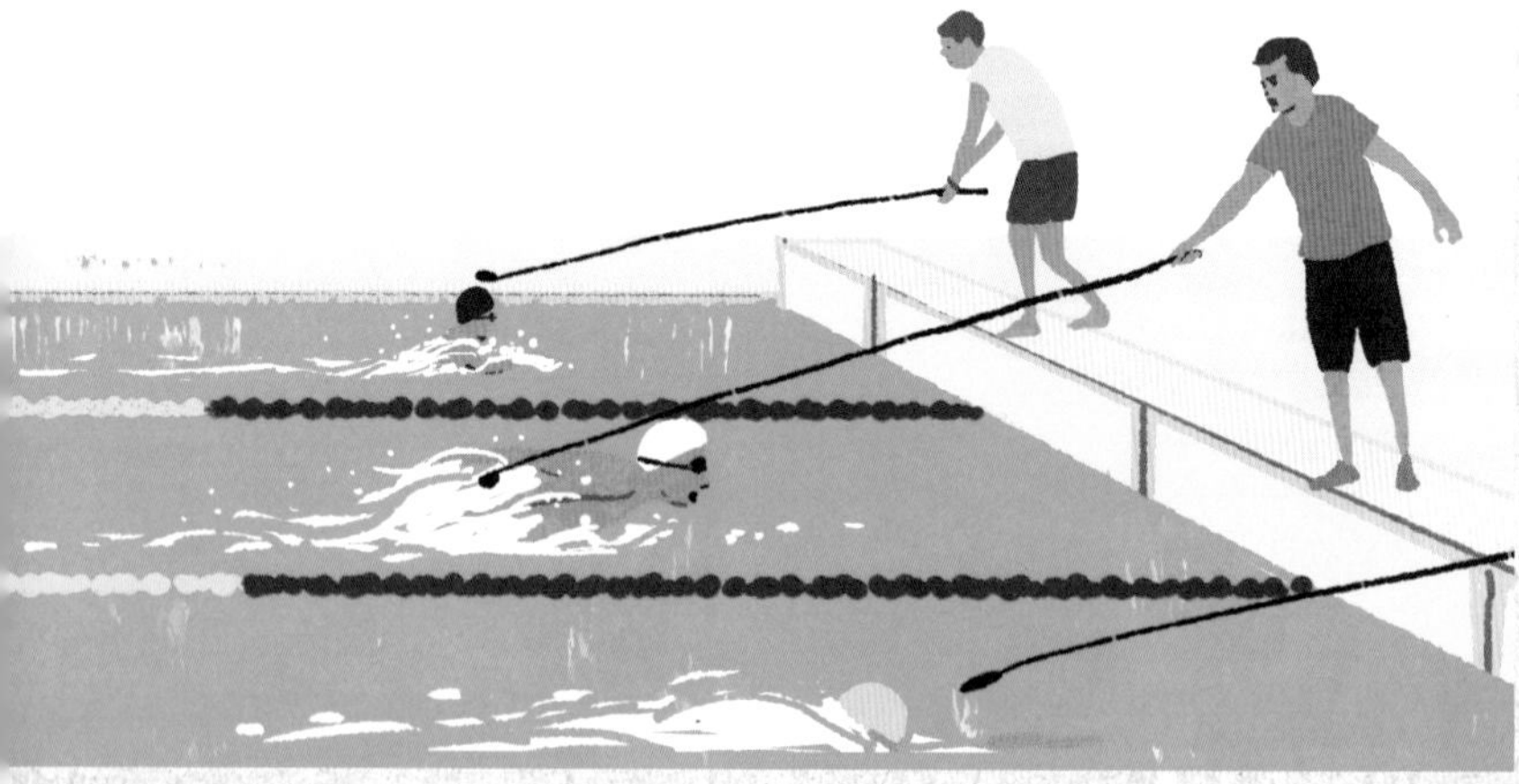

第《だい》4章《しょう》

じつは 自《じ》慢《まん》できる!

オリンピックのヒミツ

じつは

オリンピックは全員《ぜんいん》裸《はだか》で競技《きょうぎ》していた！

今《いま》のオリンピックの元《もと》となったのは、紀《き》元前《げんぜん》9世紀《せいき》ごろから古代《こだい》ギリシアで行《おこな》われていた「オリンピア祭典競技《さいてんきょうぎ》」、いわゆる古《こ》代《だい》オリンピックです。4年《ねん》に一度《いちど》という点《てん》は今《いま》と同《おな》じですが、もちろん違《ちが》う部分《ぶぶん》もあります。たとえば、選手《せんしゅ》は男性《だんせい》のみ。しかも全員《ぜんいん》、素《す》っ裸《ぱだか》で参加《さんか》していました。

裸《はだか》だった理由《りゆう》は「競技《きょうぎ》に有利《ゆうり》だから」など諸説《しょせつ》あります。なかでも有力《ゆうりょく》な説《せつ》は、もともと神《かみ》への信仰心《しんこうしん》をしめす祭《まつり》として始《はじ》まったから、というものです。古代《こだい》ギリシア人《じん》にとって、人間《にんげん》の姿《すがた》は神《かみ》から授《さず》かったもの。そして、美《うつく》しい人間《にんげん》の姿《すがた》は神《かみ》が喜《よろこ》ぶものと考《かんが》えられていました。つまり、古代《こだい》の選手《せんしゅ》たちは競技《きょうぎ》の勝敗《しょうはい》だけでなく、肉体美《にくたいび》でも競《きそ》いあっていたのです。今《いま》でいうなら「より速《はや》く、より高《たか》く、より強《つよ》く。そしてより美《うつく》しく」といったところでしょうか。

おまけのじつは

約《やく》100年《ねん》かけて約《やく》2秒半《びょうはん》!?
第《だい》1回《かい》アテネ大会《たいかい》の裏話《うらばなし》

古代《こだい》オリンピックをヒントに、1896年《ねん》にギリシアで開催《かいさい》された第《だい》1回《かい》アテネ大会《たいかい》。参加《さんか》したのは14か国《こく》で、陸上《りくじょう》・水泳《すいえい》・体操《たいそう》・レスリング・フェンシング・射撃《しゃげき》・自転車《じてんしゃ》・テニスの8競技《きょうぎ》を行《おこな》った。ヨット競技《きょうぎ》も予定《よてい》されていたが悪天候《あくてんこう》で中止《ちゅうし》に。参加選手《さんかせんしゅ》はわずか280人《にん》で、古代《こだい》オリンピックと同《おな》じく全員男性《ぜんいんだんせい》だった。

108年後《ねんご》の2004年《ねん》には第《だい》28回《かい》アテネ大会《たいかい》が開催《かいさい》。201の国《くに》と地域《ちいき》から約《やく》1万《まん》1100人《にん》の選手《せんしゅ》が参加《さんか》……約《やく》100年《ねん》でオリンピックはずいぶん変化《へんか》したといえる。ちなみに、第《だい》1回《かい》アテネ大会《たいかい》の100m走《そう》の優勝記録《ゆうしょうきろく》は12.0秒《びょう》。現在《げんざい》の世界《せかい》記録《きろく》は9.58秒《びょう》だから、人類《じんるい》は約《やく》100年《ねん》かけて約《やく》2秒半縮《びょうはんちぢ》めたのだ。

じつは
オリンピックに「たこあげ」という競技《きょうぎ》があった！

１００年《ねん》以上《いじょう》の歴史《れきし》を誇《ほこ》るオリンピック。いつの時代《じだい》も人々《ひとびと》の興味《きょうみ》・関心《かんしん》を集《あつ》めようと様々《さまざま》な工夫《くふう》や改革《かいかく》がなされ、競技種目《きょうぎしゅもく》もどんどん変《か》わってきました。その歴史《れきし》を振《ふ》り返《かえ》ると、「それってスポーツ？」と言《い》いたくなる、珍《めずら》しい競技《きょうぎ》の存在《そんざい》も。

とくに「珍競技《ちんきょうぎ》」が目白押《めじろお》しだったのは１９００年《ねん》の第《だい》２回《かい》パリ大会《たいかい》です。なんとたこあげ、伝書鳩《でんしょばと》レース、鳩撃《はとう》ち、セーヌ河《がわ》での魚釣《さかなつ》りなどが正式競技《せいしききょうぎ》として争《あらそ》われました。正式競技《せいしききょうぎ》以外《いがい》の公開競技《こうかいきょうぎ》も含《ふく》めれば、熱気球《ねっききゅう》レースに消火活動《しょうかかつどう》なども実施《じっし》と、さらにバリエーション豊《ゆた》かです。

このパリ大会《たいかい》でやたらと珍競技《ちんきょうぎ》が多《おお》いのは、パリ万国博覧会《ばんこくはくらんかい》の一部《いちぶ》、という扱《あつか》いだったから。そのため、万博《ばんぱく》のイベントなのかオリンピック競技《きょうぎ》なのか、観客《かんきゃく》にも区別《くべつ》がつかなかった、といわれています。

おまけのじつは

ダンスやチアリーディングも!? 変《か》わり続《つづ》けるオリンピック競技《きょうぎ》

4年《ねん》に一度《いちど》、世界中《せかいじゅう》の都市《とし》をめぐって開催《かいさい》されるオリンピック。開催国《かいさいこく》で人気《にんき》のスポーツや、その国《くに》の文化《ぶんか》を反映《はんえい》した競技《きょうぎ》が採用《さいよう》されることも多《おお》い。2024年《ねん》パリ大会《たいかい》では「ブレイクダンス」が正式競《せいしききょう》技《ぎ》に追加《ついか》。リズムの良《よ》い音楽《おんがく》に合《あ》わせ、ダンサーが軽快《けいかい》にステップを踏《ふ》んだり、激《はげ》しく踊《おど》って対戦《たいせん》するスポーツだ。もともとは、アメリカの若者《わかもの》たちの間《あいだ》で「どちらが格好《かっこう》よく踊《おど》れるか」と始《はじ》まったもの。それが今《いま》ではヨーロッパでも大人気《だいにんき》となり、正式競技《せいしききょうぎ》にまで成長《せいちょう》した。

2028年《ねん》ロサンゼルス大会《たいかい》では、アメリカのスポーツ応援《おうえん》に欠《か》かせない「チアリーディング」を追加競技《ついかきょうぎ》に、という動《うご》きもある。オリンピックの進化《しんか》は止《と》まらない。

じつは

第一回《だいいっかい》オリンピックの陸上《りくじょう》のトラックは右回《みぎまわ》りだった！

陸上《りくじょう》トラックといえば、世界中《せかいじゅう》どこへ行《い》っても「左回《ひだりまわ》り」。ところが、1896年《ねん》の第《だい》1回《かい》アテネ大会《たいかい》から第《だい》3回《かい》セントルイス大会《たいかい》までは、「右回《みぎまわ》り」トラックで競技《きょうぎ》が行《おこな》われました。これは、古代《こだい》オリンピックの競技場《きょうぎじょう》を真似《まね》たからとされています。また、一周《いっしゅう》の距離《きょり》もまちまちで、第一回大会《だいいっかいたいかい》では一周《いっしゅう》330m。細長《ほそなが》くてカーブがとても曲《ま》がりにくかったといわれます。

　ではなぜ、今《いま》では左回《ひだりまわ》りが当《あ》たり前《まえ》なのでしょう？　これは1913年《ねん》に陸上競技《りくじょうきょうぎ》の世界的《せかいてき》な統一《とういつ》ルールを決《き》める際《さい》、左回《ひだりまわ》りの方《ほう》がいい記録《きろく》が出《で》やすいから、と「トラックは左回《ひだりまわ》り」に定《さだ》まったのです。ただ、左《ひだり》回《まわ》りの方《ほう》が記録《きろく》が出《で》やすい理由《りゆう》は、❶心臓《しんぞう》が左側《ひだりがわ》にあって体《からだ》を傾《かたむ》けやすい。❷地球《ちきゅう》の自転《じてん》が関係《かんけい》している、など諸説《しょせつ》あって、「これだ！」という明確《めいかく》なものはありません。

おまけのじつは

トラック競技《きょうぎ》といえば……？
リレー競走《きょうそう》はじめて物語《ものがたり》

1周《しゅう》400ｍの走路《そうろ》で争《あらそ》われる「トラック競技《きょうぎ》」。なかでも、人気《にんき》の花形種目《はながたしゅもく》といえば、バトンをつなぎながらトラックを周《しゅう》回《かい》するリレー競走《きょうそう》だ。オリンピックで初《はじ》めてリレーが行《おこな》われたのは1908年《ねん》の第《だい》4回《かい》ロンドン大会《たいかい》。当時《とうじ》のリレーではバトンは使《つか》わず、手《て》と手《て》でタッチをして走者《そうしゃ》を切《き》り替《か》えていた。だが、タッチしたかどうかの確認《かくにん》がしづらい、といった理由《りゆう》から、4年後《ねんご》の第《だい》5回《かい》ストックホルム大会《たいかい》からはバトンを使《つか》うようになったのだ。ちなみに、大昔《おおむかし》の古代《こだい》ギリシアでは、たいまつをバトン代《が》わりにして、部族対抗《ぶぞくたいこう》のリレー競走《きょうそう》が行《おこな》われていたという。これが現代《げんだい》の聖火《せいか》リレーや陸上《りくじょう》のリレーの起源《きげん》と考《かんが》えられている。

じつは「パラリンピック」と名《な》付《づ》けたのは日本人《にほんじん》！

障《しょう》がいのあるトップアスリートが出場《しゅつじょう》できる「パラリンピック」。1948年《ねん》のロンドンオリンピックにあわせ、ロンドン郊外《こうがい》の病院《びょういん》で車《くるま》いす患者《かんじゃ》によるアーチェリー大会《たいかい》が開催《かいさい》されたのがパラスポーツの原点《げんてん》です。その後《ご》、1960年《ねん》ローマオリンピックにあわせて、第《だい》1回《かい》となる〝障《しょう》がい者《しゃ》のための大会《たいかい》〟がスタートしました。

実《じつ》はこの「パラリンピック」という名称《めいしょう》は日本人《にほんじん》がつけたもの。ローマ大会《たいかい》から4年後《ねんご》の1964年《ねん》東京《とうきょう》オリンピックにあわせて行《おこな》われた障《しょう》がい者《しゃ》のためのスポーツ大会《たいかい》を「パラリンピック」と呼《よ》んだのがきっかけです。「下半身《かはんしん》まひ」のことを英語《えいご》で「パラプレジア」と呼《よ》ぶことから、「オリンピック」とかけあわせて生《う》まれた〝造語《ぞうご》〟でした。ただ、一体誰《いったいだれ》が思《おも》いついたのかは、今《いま》でも謎《なぞ》のままです。

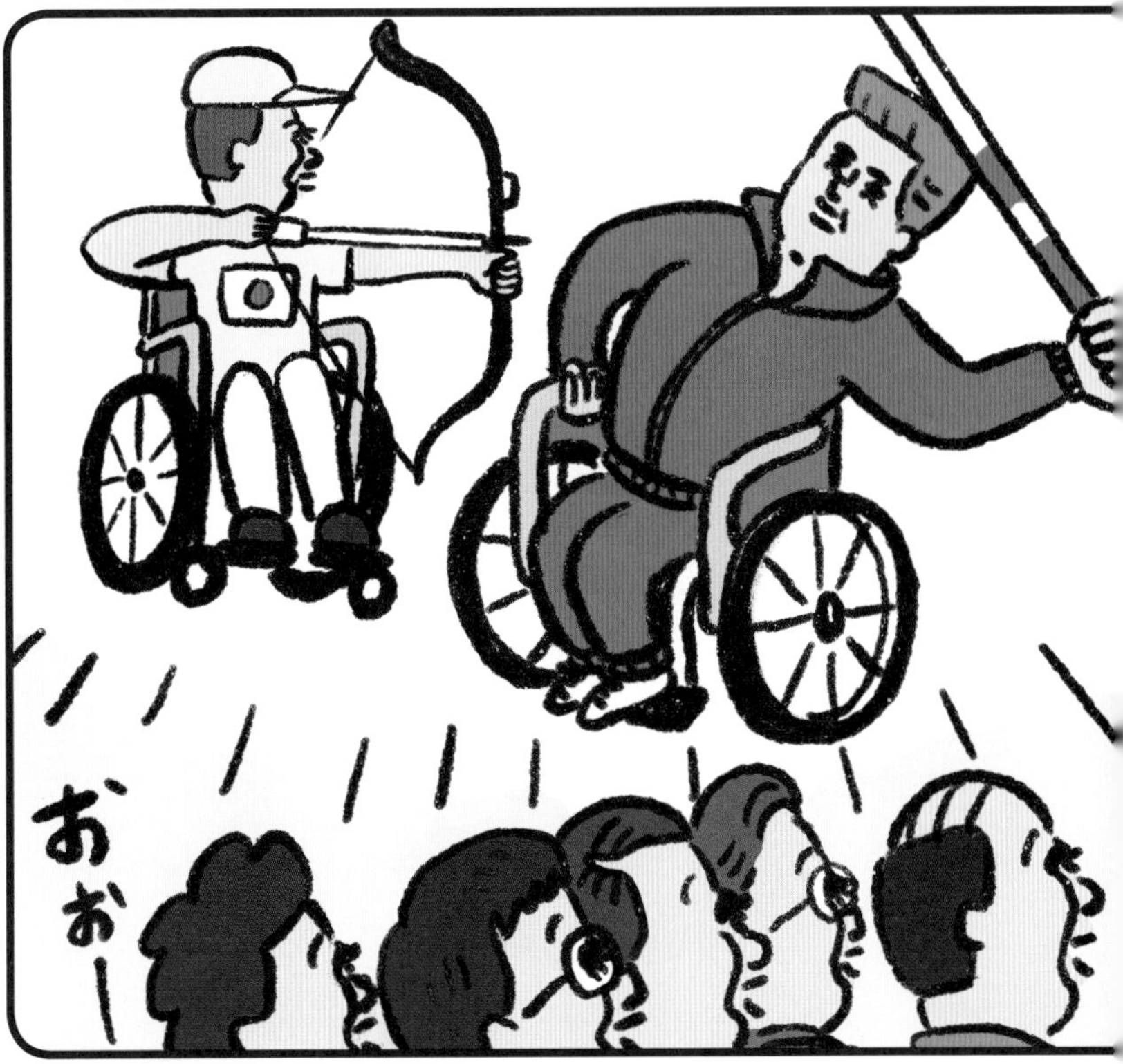

おまけのじつは

40億人以上《おくにんいじょう》がテレビに釘付《くぎづ》け パラリンピックのすごい知名度《ちめいど》

「パラプレジア（下半身《かはんしん》まひ）」＋「オリンピック」から生《う》まれた造語《ぞうご》だった「パラリンピック」。だが、今《いま》では別《べつ》な意味合《いみあ》いも持《も》つようになってきている。それは「もうひとつの、並行《へいこう》する」という意味《いみ》の英語《えいご》「パラレル」だ。“オリンピックと並行《へいこう》して行《おこな》われる大会《たいかい》”であり、“もうひとつの世界《せかい》のスポーツ祭典《さいてん》”という考《かんが》え方《かた》だ。

その証拠《しょうこ》に、パラリンピックのテレビ視《し》聴者数《ちょうしゃすう》は全世界《ぜんせかい》で40億人以上《おくにんいじょう》。世界《せかい》の総人口《そうじんこう》がおよそ77億人《おくにん》だから、半数《はんすう》以上《いじょう》が見《み》ていることになる。これは、オリンピック、そしてサッカーやラグビーのワールドカップにも負《ま》けないほどの知名度《ちめいど》なのだ。知名度《ちめいど》と比例《ひれい》するように、選手《せんしゅ》たちの記録《きろく》も上昇中《じょうしょうちゅう》だ。

じつは オリンピックの1位《い》は銀《ぎん》メダルだった！

アスリートなら誰《だれ》もがあこがれるオリンピックの金《きん》メダル。ところが、優勝《ゆうしょう》しても銀《ぎん》メダルしかもらえなかったとしたら……。実《じつ》は1896年《ねん》の第《だい》1回《かい》アテネ大会《たいかい》がそうでした。このときは金《きん》の価格《かかく》が高《たか》かったため、財政的《ざいせいてき》な理由《りゆう》から金《きん》メダルが存在《そんざい》せず、1位《い》に銀《ぎん》、2位《い》の選手《せんしゅ》に銅《どう》。3位《い》の選手《せんしゅ》にはメダルがなく、賞状《しょうじょう》だけでした。

メダルの色《いろ》が順位別《じゅんいべつ》に金《きん》・銀《ぎん》・銅《どう》となるのは、第《だい》1回大会《かいたいかい》から8年後《ねんご》の1904年《ねん》、アメリカで開催《かいさい》されたセントルイス大会《たいかい》からです。ただ、この大会《たいかい》では全部《ぜんぶ》で96個《こ》の金《きん》メダルのうち、なんとアメリカ勢《ぜい》が78個《こ》と独占《どくせん》。そんなに金《きん》を国外《こくがい》に出《だ》したくなかった!? ちなみに、1900年《ねん》のパリ大会《たいかい》では、メダルの形《かたち》が丸《まる》ではなく四角《しかく》。いろいろと試行錯誤《しこうさくご》があって、今《いま》のメダルの文《ぶん》化《か》と伝統《でんとう》が生《う》まれたのです。

おまけのじつは

世界《せかい》にたった2つだけ 銀《ぎん》と銅《どう》の「友情《ゆうじょう》のメダル」

1936年《ねん》のベルリンオリンピック、陸上《りくじょう》・棒高跳《ぼうたかと》びは2位《い》と3位《い》が同《おな》じ高《たか》さで競《きそ》いあい、競技開始《きょうぎかいし》から5時間半以上《じかんはんいじょう》たっても決着《けっちゃく》がつかなかった。競《きそ》ったのは日《に》本《ほん》の西田修平選手《にしだしゅうへいせんしゅ》と大江季雄選手《おおえすえおせんしゅ》のふたり。疲《つか》れも限界《げんかい》に達《たっ》し、日《ひ》も沈《しず》んで真《ま》っ暗《くら》になったため、「2位《い》と3位《い》は日本《にほん》チームの相談《そうだん》で決《き》める」と場内《じょうない》アナウンスされ、ようやく競技《きょうぎ》にピリオドが打《う》たれた。公式記録《こうしききろく》では先《さき》にクリアした西田選手《にしだせんしゅ》が2位《い》に。だが帰国後《きこくご》、ふたりは銀《ぎん》と銅《どう》のメダルを半分《はんぶん》に切《き》り、ひとつにつなぎあわせてお互《たが》いをたたえあったという。今《いま》では「友情《ゆうじょう》のメダル」として、西田《にしだ》・大《おお》江両選手《えりょうせんしゅ》の名前《なまえ》とともに、オリンピックの歴史《れきし》に刻《きざ》まれている。

じつは

小学生《しょうがくせい》の金《きん》メダリストがいた！

オリンピック個人競技《こじんきょうぎ》の史上最年少金《しじょうさいねんしょうきん》メダリストは、1936年《ねん》のベルリン大会《たいかい》・女子飛込競技《じょしとびこみきょうぎ》のマージョリー・ゲストリング選手《せんしゅ》（アメリカ）で、13歳《さい》と268日《にち》です。日本人《にほんじん》では、競泳平泳《きょうえいひらおよ》ぎの岩崎恭子選手《いわさききょうこせんしゅ》が1992年《ねん》バルセロナ大会《たいかい》で樹立《じゅりつ》した14歳《さい》と6日《か》が最年少記録《さいねんしょうきろく》となります。

ただ、正式《せいしき》な記録《きろく》でなければ1900年《ねん》パリ大会《たいかい》ボート競技《きょうぎ》での「なぞの男《おとこ》の子《こ》」も有力候補《ゆうりょくこうほ》です。決勝《けっしょう》に進出《しんしゅつ》したオランダチームでしたが、ひとりが体重制限《たいじゅうせいげん》に引《ひ》っかかったことがレース直前《ちょくぜん》に判明《はんめい》します。そこで、近《ちか》くにいたフランス人《じん》の男《おとこ》の子《こ》に代役《だいやく》を依頼《いらい》。見事《みごと》に優勝《ゆうしょう》してしまったのです。この男《おとこ》の子《こ》は7～10歳《さい》くらい、と言《い》い伝《つた》えられていますが、それ以上《いじょう》の記録《きろく》はなく、名前《なまえ》もわかりません。まだオリンピックがおおらかだった時代《じだい》の伝説《でんせつ》なのです。

おまけのじつは

最高年齢《さいこうねんれい》は72歳《さい》！ 史上最年長《しじょうさいねんちょう》メダリストは誰《だれ》だ？

スウェーデンのオスカー・スバーン選《せん》手《しゅ》は、オリンピック射撃競技《しゃげききょうぎ》に3度《ど》出場《しゅつじょう》。初出場《はつしゅつじょう》はなんと60歳《さい》だった1908年《ねん》ロンドン大会《たいかい》。いきなり個人《こじん》・団体《だんたい》で2つの金《きん》メダルを獲得《かくとく》すると、1912年《ねん》には祖《そ》国《こく》ストックホルム大会《たいかい》でも64歳《さい》で金《きん》メダルを獲得《かくとく》。これは今《いま》も破《やぶ》られていない「史《し》上最年長金《じょうさいねんちょうきん》メダリスト記録《きろく》」だ。さらに、72歳《さい》で出場《しゅつじょう》した1920年《ねん》アントワープ大《たい》会《かい》では銀《ぎん》メダルを獲得《かくとく》し、「史上最年長《しじょうさいねんちょう》メダリスト記録《きろく》」も達成《たっせい》した、すごいおじいちゃん選手《せんしゅ》だ。

なお、日本人《にほんじん》では1984年《ねん》ロサンゼルス大会《たいかい》の射撃競技《しゃげききょうぎ》で、蒲池猛夫選手《かまちたけおせんしゅ》が48歳《さい》で金《きん》メダルを獲得《かくとく》。これが今《いま》でも日本人最年長金《にほんじんさいねんちょうきん》メダリスト記録《きろく》だ。

じつは オリンピックには芸術競技《げいじゅつきょうぎ》があった！

スポーツの祭典《さいてん》・オリンピックは、文系《ぶんけい》や芸術家《げいじゅつか》には関係《かんけい》ない世界《せかい》……ではないんです。1912年《ねん》の第《だい》5回大会《かいたいかい》から1948年《ねん》の第《だい》14回大会《かいたいかい》まで、建築《けんちく》、彫刻《ちょうこく》、絵画《かいが》、音楽《おんがく》、文学《ぶんがく》の5部門《ぶもん》で順位《じゅんい》を競《きそ》う「芸術競技《げいじゅつきょうぎ》」があり、スポーツ競技《きょうぎ》と同《おな》じように勝《か》てば金銀銅《きんぎんどう》のメダルがもらえました。

もともと、古代《こだい》オリンピックでも優勝《ゆうしょう》した選手《せんしゅ》をモデルに彫刻《ちょうこく》を作《つく》ったり、音楽《おんがく》で讃《たた》えたりと、スポーツと芸術《げいじゅつ》には結《むす》びつきがありました。また、近代《きんだい》オリンピックの創始者《そうししゃ》クーベルタン男爵《だんしゃく》の父親《ちちおや》も実《じつ》は画家《がか》。その影響《えいきょう》でクーベルタン男爵《だんしゃく》も芸術《げいじゅつ》に深《ふか》い理解《りかい》があったため、競技採用《きょうぎさいよう》となったのです。「競技《きょうぎ》」ではなくなった今《いま》も、開会式《かいかいしき》や閉会式《へいかいしき》、大会《たいかい》ポスター制作《せいさく》には、世界的《せかいてき》な映画監督《えいがかんとく》や芸術家《げいじゅつか》の存在《そんざい》が不可欠《ふかけつ》。スポーツと芸術《げいじゅつ》は切《き》っても切《き》れない関係《かんけい》です。

おまけのじつは

必《かなら》ずどこかで登場《とうじょう》する 開会式《かいかいしき》の隠《かく》れた演出家《えんしゅつか》「鳩《はと》」

オリンピックが「スポーツの祭典《さいてん》」なら、その開会式《かいかいしき》は「文化《ぶんか》・芸術《げいじゅつ》の祭典《さいてん》」。大会《たいかい》ごとに趣向《しゅこう》を凝《こ》らし、その国《くに》の文化《ぶんか》や風習《ふうしゅう》を表現《ひょうげん》し、最先端技術《さいせんたんぎじゅつ》が駆使《くし》される。

そんな開会式《かいかいしき》の演出《えんしゅつ》には、じつは「鳩《はと》を出《だ》さなければならない」という決《き》まりがある。ただ、1988年《ねん》のソウル大会《たいかい》では飛《と》ばした鳩《はと》が聖火台《せいかだい》で"焼《や》き鳥《とり》"になる事件《じけん》が発生《はっせい》。この頃《ころ》から、「鳩《はと》がかわいそう」という動物愛護《どうぶつあいご》の観点《かんてん》もあって「生《い》きた鳩《はと》」を使《つか》うのはよしとされなくなった。

そこで最近《さいきん》では、「鳩形《はとがた》のたこ」「鳩《はと》モチーフの自転車《じてんしゃ》」「鳩《はと》の格好《かっこう》をしたダンサー」が登場《とうじょう》し、開会式《かいかいしき》を盛《も》り上《あ》げている。大会《たいかい》ごとにどんな鳩《はと》が出《で》てくるのかを探《さが》してみると、きっと面白《おもしろ》いはずだ。

じつは

オリンピックを「五輪《ごりん》」と呼《よ》び始《はじ》めたのは新聞社《しんぶんしゃ》の都合《つごう》だった！

世界《せかい》の共通語《きょうつうご》ともいえる「オリンピック」ですが、日本《にほん》でだけ通用《つうよう》する別《べつ》な呼《よ》び名《な》もあります。一度《いちど》は目《め》にしたことがあるだろう、「五輪《ごりん》」の2文字《もじ》です。オリンピックマークが「5つの輪《わ》」でできていることから使《つか》われるようになりました。ちなみに、同《おな》じ漢字《かんじ》の国《くに》・中国《ちゅうごく》では、発音《はつおん》を当《あ》てはめて「奥林匹克運動会」と表記《ひょうき》するので、中国《ちゅうごく》の人《ひと》に「五輪《ごりん》」は通《つう》じません。

はじめてこの「五輪《ごりん》」表記《ひょうき》が登場《とうじょう》したのは、1936年《ねん》7月《がつ》25日《にち》の読売新聞《よみうりしんぶん》です。その理由《りゆう》は「オリンピック」では6文字《もじ》と文字数《もじすう》が多《おお》く、毎回毎回《まいかいまいかい》書《か》いていては、すぐに紙面《しめん》が埋《う》まってしまうから。そのため、少《すく》ない新聞《しんぶん》スペースを有効活用《ゆうこうかつよう》するために、2文字《もじ》で表現《ひょうげん》できる「五輪《ごりん》」が考案《こうあん》され、音《おと》の響《ひび》きも「ゴリン」と言《い》いやすいことから一気《いっき》に広《ひろ》まりました。

おまけのじつは

5つの輪《わ》によるシンボルマークに隠《かく》された秘密《ひみつ》とは？

誰《だれ》でも知《し》っているオリンピックのシンボルマーク。カラフルな5つの輪《わ》が重《かさ》なるそのデザインには、ある思《おも》いが秘《ひ》められている。5つの輪《わ》はアジア・南北《なんぼく》アメリカ・ヨーロッパ・アフリカ・オセアニアの世界《せかい》にある5大陸《たいりく》を意味《いみ》していて、すべての大陸《たいりく》に住《す》むあらゆる人種《じんしゅ》、民族《みんぞく》の選手《せんしゅ》が集《あつ》まり、技《わざ》を競《きそ》いあい、友好《ゆうこう》を深《ふか》める大会《たいかい》だということを表現《ひょうげん》しているのだ。

このシンボルマークを用《もち》いたオリンピックの旗《はた》は、1920年《ねん》のアントワープ大会《たいかい》から使用《しよう》されている。青《あお》、黄《き》、黒《くろ》、緑《みどり》、赤《あか》の5つの輪《わ》と、背景《はいけい》の白《しろ》をふくめた6色《しょく》で、ほぼ全世界《ぜんせかい》の国旗《こっき》を表現《ひょうげん》できるという理由《りゆう》で選《えら》ばれたのだ。世界《せかい》の国旗《こっき》を見《み》て、実際《じっさい》に確《たし》かめてみよう。

じつは

金《きん》メダルは銀《ぎん》でできている!

スポーツには競技《きょうぎ》ごとに細《こま》かな規則《きそく》があるように、オリンピックのメダルにも実《じつ》はいくつもの決《き》まりがあるんです。国際《こくさい》オリンピック委員会《いいんかい》は、メダルのサイズを直径《ちょっけい》70～120㎜、厚《あつ》さ3～10㎜、重《おも》さは500～800gと定《さだ》めています。

また、メダルの原材料《げんざいりょう》にも規定《きてい》があって、1位《い》と2位《い》のメダルは銀製《ぎんせい》で、少《すく》なくとも純度《じゅんど》は92・5%以上《いじょう》でなければならない。また、1位《い》のメダルには少《すく》なくとも6gの純《じゅん》金《きん》による金張《きんば》りを施《ほどこ》さなければならない、としています。つまり、金《きん》メダルは純金《じゅんきん》ではなく、銀製《ぎんせい》メダルの表面《ひょうめん》に金《きん》メッキをしたものなのです。

よく、金《きん》メダルを取《と》った選手《せんしゅ》が「本物《ほんもの》の金《きん》だぜ」とメダルを噛《か》むパフォーマンスをしていますが、噛《か》む力《ちから》が強《つよ》い人《ひと》ならば、メッキがはがれて銀《ぎん》が見《み》えちゃうかも!?

おまけのじつは

本当《ほんとう》に売《う》ってしまった選手《せんしゅ》も！ メダルのお値段《ねだん》はおいくら？

メダルそのものの値段《ねだん》は、原材料《げんざいりょう》だけで考《かんが》えれば金《きん》メダルが約《やく》5万円《まんえん》、銀《ぎん》が約《やく》2万《まん》4000円《えん》、銅《どう》がわずか150円《えん》（2016年《ねん》リオ大会《たいかい》の場合《ばあい》）。もちろん、選手《せんしゅ》たちの努力《どりょく》や苦労《くろう》も加《くわ》わって、それ以上《いじょう》の価値《かち》を持《も》つ。だが、このメダルをなんと売《う》ってしまった選手《せんしゅ》がいる。リオ大《たい》会《かい》の円盤投《えんばんな》げ銀《ぎん》メダリスト、ポーランド代表《だいひょう》マワホフスキ選手《せんしゅ》だ。といっても、お金《かね》に困《こま》っていたからではない。ある3歳《さい》の子《こ》が難病《なんびょう》で苦《くる》しんでいることを知《し》り、メダルをオークションにかけ、一番高《いちばんたか》い値段《ねだん》をつけた人《ひと》に売却《ばいきゃく》。その金額《きんがく》を手《しゅ》術費用《じゅつひよう》として全額寄付《ぜんがくきふ》したのだ。この行《こう》動《どう》は「小《ちい》さな命《いのち》を救《すく》う銀《ぎん》メダル」として大《おお》きな感動《かんどう》を呼《よ》んだのだった。

じつは

オリンピックのメダルとノーベル賞《しょう》のどちらも受賞《じゅしょう》した天才《てんさい》がいた!

勉強《べんきょう》もできて、スポーツにも一生懸命《いっしょうけんめい》取《と》り組《く》むことを「文武両道《ぶんぶりょうどう》」と言《い》います。それぞれの分野《ぶんや》を突《つ》き詰《つ》めてたどり着《つ》ける高《たか》みは、勉強《べんきょう》ならノーベル賞《しょう》、スポーツならオリンピックのメダリストになるでしょうか。どちらの栄誉《えいよ》も、がんばったからといって必《かなら》ず取《と》れるわけではありません。

ところが、このふたつを両方手《りょうほうて》にしたすごい人物《じんぶつ》が存在《そんざい》します。イギリス人《じん》のフィリップ・ノエル＝ベーカーさんです。陸上《りくじょう》・１５００ｍ走《そう》の選手《せんしゅ》だったベーカー選手《せんしゅ》は、オリンピック３大会《たいかい》に出場《しゅつじょう》。１９２０年《ねん》のアントワープ大会《たいかい》では、見事《みごと》に銀《ぎん》メダルを獲得《かくとく》します。そして、現役引退後《げんえきいんたいご》は政治家《せいじか》として活躍《かつやく》。とくに平和軍縮活動《へいわぐんしゅくかつどう》が評価《ひょうか》されて、１９５９年《ねん》にノーベル平和賞《へいわしょう》を受賞《じゅしょう》します。こうして、前代未聞《ぜんだいみもん》の「文武両道《ぶんぶりょうどう》」達成者《たっせいしゃ》が誕生《たんじょう》したのです。

おまけのじつは

目指《めざ》すは映画《えいが》スター!? 大統領《だいとうりょう》!? アスリートたちの華麗《かれい》なる転身《てんしん》

スポーツの世界《せかい》で何《なに》かを極《きわ》めた選手《せんしゅ》は、別《べつ》な業界《ぎょうかい》に転身《てんしん》しても活躍《かつやく》する例《れい》が多《おお》い。1956年《ねん》の冬季《とうき》コルチナ・ダンペッツオ大会《たいかい》スキー競技《きょうぎ》に出場《しゅつじょう》したトニー・ザイラー選手《せんしゅ》は、滑降《かっこう》・回転《かいてん》・大回転《だいかいてん》を制《せい》して、史上初《しじょうはつ》のアルペン種目三冠王《しゅもくさんかんおう》に輝《かがや》いたスーパースターだ。そんな彼《かれ》は引退後《いんたいご》、映画俳優《えいがはいゆう》に転向《てんこう》してスキー映《えい》画《が》に出演《しゅつえん》。日本《にほん》でもヒット連発《れんぱつ》で、日本《にほん》にスキーブームが起《お》きるきっかけとなった。

サッカーの世界《せかい》で最高《さいこう》の栄誉《えいよ》「バロンドール」を1995年《ねん》に受賞《じゅしょう》したジョージ・ウエア選手《せんしゅ》は、引退後《いんたいご》に政治家《せいじか》に転身《てんしん》。2018年《ねん》に西《にし》アフリカにあるリベリア共和《きょうわ》国《こく》の大統領《だいとうりょう》になって世界中《せかいじゅう》の政治記者《せいじきしゃ》とスポーツ記者《きしゃ》を驚《おどろ》かせた。

じつは！

陸上競技《りくじょうきょうぎ》に女性《じょせい》は出場《しゅつじょう》できなかった！

21世紀《せいき》以降《いこう》のオリンピックでは、「女性参加《じょせいさんか》」が大《おお》きなテーマです。男女《だんじょ》の種目数《しゅもくすう》をできるだけ同《おな》じにしたり、卓球《たっきゅう》の「混合《こんごう》ダブルス」や柔道《じゅうどう》の「混合団体《こんごうだんたい》」、陸上《りくじょう》や競泳《きょうえい》での「混合《こんごう》リレー」など、男女混合《だんじょこんごう》で出場《しゅつじょう》する種目《しゅもく》がどんどん増《ふ》えています。

でも、近代《きんだい》オリンピックができた当初《とうしょ》は女性《じょせい》に冷《つめ》たい大会《たいかい》でした。第《だい》1回大会《かいたいかい》では女性《じょせい》は参加《さんか》できず。第《だい》2回大会《かいたいかい》からテニスなど一部《いちぶ》の競技《きょうぎ》でようやく女性参加《じょせいさんか》も認《みと》められましたが、人気競技《にんききょうぎ》である陸上《りくじょう》では、ずーっと認《みと》められなかったのです。結局《けっきょく》、女《じょ》性《せい》のオリンピック陸上競技《りくじょうきょうぎ》への参加《さんか》は、1928年第《ねんだい》9回《かい》アムステルダム大会《たいかい》まで待《ま》たなくてはなりませんでした。この第《だい》9回大会《かいたいかい》で活躍《かつやく》したのが人見絹枝選手《ひとみきぬえせんしゅ》です。女子《じょし》800mで銀《ぎん》メダルを取《と》り、日本人女《にほんじんじょ》性初《せいはつ》のメダリストに輝《かがや》きました。

おまけのじつは

男女関係《だんじょかんけい》なし!? なぜ馬術《ばじゅつ》は 男女同等《だんじょどうとう》で戦《たたか》えるのか？

男性《だんせい》と女性《じょせい》とでは、筋力《きんりょく》や体力《たいりょく》の差《さ》がどうしてもある。同《おな》じ競技《きょうぎ》で戦《たたか》っても、基本的《きほんてき》には男性《だんせい》が有利《ゆうり》だ。しかし、競《きょう》技《ぎ》のなかには男女《だんじょ》が同《おな》じ条件《じょうけん》で競《きそ》う種目《しゅもく》がある。代表的《だいひょうてき》なのが馬術競技《ばじゅつきょうぎ》だ。

男女《だんじょ》の区別《くべつ》なしに同《おな》じ条件《じょうけん》で競技《きょうぎ》を行《おこな》う馬術《ばじゅつ》において、運動《うんどう》するのは馬《うま》。その馬《うま》にまたがり、リズムよく動《うご》かすのが選《せん》手《しゅ》の仕事《しごと》だ。そのため、体力《たいりょく》では男性《だんせい》におよばない女性《じょせい》でも、馬《うま》を上手《じょうず》にコントロールすれば互角《ごかく》の勝負《しょうぶ》ができる。むしろ、大切《たいせつ》なのは人間《にんげん》と馬《うま》の信頼関係《しんらいかんけい》だ。最低《さいてい》でも3～4年《ねん》かけて馬《うま》を手《て》なずけることで「人馬一体《じんばいったい》」の動《うご》きができるのだ。ちなみに、馬術《ばじゅつ》では性別《せいべつ》だけでなく年齢《ねんれい》も関係《かんけい》なし。60代選手《だいせんしゅ》も珍《めずら》しくない。

じつは！

東京《とうきょう》オリンピックのマウンテンバイクコースのセクション名《めい》は「天《あま》城《ぎ》越《ご》え」！

世界的《せかいてき》に人気《にんき》なマラソンレースは、開催《かいさい》地《ち》の名所《めいしょ》や観光地《かんこうち》を走《はし》るのが特徴《とくちょう》です。「東《とう》京《きょう》マラソン」なら銀座《ぎんざ》や日本橋《にほんばし》、浅草《あさくさ》の雷《かみなり》門《もん》などを通《とお》りますし、アメリカ「ロサンゼルスマラソン」では映画《えいが》の都《みやこ》ハリウッドを走《はし》り抜《ぬ》けます。参加《さんか》する市民《しみん》ランナーが楽《たの》しめるのはもちろん、ＴＶ中継《テレビちゅうけい》で見《み》る人《ひと》も興味《きょうみ》を持《も》てるように、という狙《ねら》いです。

そんな「名所《めいしょ》」だらけのコースにしたのが東京《とうきょう》オリンピックの自転車競技《じてんしゃきょうぎ》マウンテンバイク（ＭＴＢ）の会場《かいじょう》・伊豆《いず》ＭＴＢコースです。岩場《いわば》や急《きゅう》な登《のぼ》り坂《ざか》、細《ほそ》い一本道《いっぽんみち》などが並《なら》ぶ1周約《しゅうやく》４㎞のコース内《ない》には、「天《あま》城越《ぎご》え」「踊《おど》り子歩道《こほどう》」「浄蓮《じょうれん》の滝《たき》」「箸《はし》」「散《ち》り桜《ざくら》」「わさび」「枯山水《かれさんすい》」「伊豆半島《いずはんとう》」など、地元《じもと》伊豆《いず》の風景《ふうけい》や日本文化《にほんぶんか》にちなんだ名称《めいしょう》が与《あた》えられました。スポーツを通《とお》して日本《にほん》が学《まな》べるなんて素敵《すてき》ですね。

おまけのじつは

自転車《じてんしゃ》＝伊豆《いず》!?　水球《すいきゅう》＝柏崎《かしわざき》!?
スポーツが町《まち》おこしになる

　紹介《しょうかい》した伊豆《いず》ＭＴＢコースも含《ふく》め、東京《とうきょう》オリンピックの自転車競技《じてんしゃきょうぎ》５種目中《しゅもくちゅう》、４種目《しゅもく》が静岡県東部《しずおかけんとうぶ》で開催《かいさい》。日本《にほん》で自転車環境《じてんしゃかんきょう》が一番整《いちばんととの》っている場所《ばしょ》だからで、この地域《ちいき》は「自転車《じてんしゃ》の国《くに》」とも呼《よ》ばれている。このように、この競技《きょうぎ》ならあの場所《ばしょ》！と盛《さか》んな地域《ちいき》が決《き》まっていることがある。たとえば、「トランポリン」なら石川県《いしかわけん》、フェンシングなら静岡県沼津市《しずおかけんぬまづし》、「水球《すいきゅう》」なら新潟県柏崎市《にいがたけんかしわざきし》、といった具合《ぐあい》だ。実際《じっさい》、こうした地域《ちいき》から有名選手《ゆうめいせんしゅ》が生《う》まれることも珍《めずら》しくないし、国際大会《こくさいたいかい》の会場《かいじょう》になって海外《かいがい》からの観光客《かんこうきゃく》アップにもつながる。スポーツが「町《まち》おこし」になるのだ。自分《じぶん》の住《す》む地域《ちいき》ではどのスポーツが盛《さか》んなのかも調《しら》べてみよう。

NEWS

パラリンピックのヒミツ編《へん》

じつは

パラリンピックが抱《かか》える「公平性《こうへいせい》」と「メダルの価値《かち》」という問題《もんだい》

パラリンピックの大《おお》きな特徴《とくちょう》は、障害《しょうがい》の部位《ぶい》や程度《ていど》に応《おう》じて細《こま》かくクラス分《わ》けされていることです。そのため、オリンピックにくらべると実施種目《じっししゅもく》は少《すく》ないですが、1種目《しゅもく》の決勝《けっしょう》レースが多《おお》くなります。例《たと》えば、直近《ちょっきん》の東京《とうきょう》大会《たいかい》の100m走《そう》は、男子《だんし》16クラス、女子《じょし》13クラスの決《けっ》勝《しょう》レースが行《おこな》われるので、全部《ぜんぶ》で29人《にん》の金《きん》メダリストが誕生《たんじょう》します。そのため金《きん》メダルの価値《かち》が低《ひく》くなってしまうのではという声《こえ》もあります。

クラス分《わ》けを少《すく》なくするとメダルの価値《かち》は高《たか》まりますが、今度《こんど》は障害《しょうがい》の程度《ていど》によって公平性《こうへいせい》が失《うしな》われてしまいます。「メダルの価値《かち》」と「競技《きょうぎ》の公平性《こうへいせい》」のバランスは、パラリンピックならではの問題《もんだい》なのです。

パラスポーツのじつは

じつは

試合中《しあいちゅう》に絶対《ぜったい》に声援《せいえん》を送《おく》ってはいけないパラスポーツがある！

視覚障害《しかくしょうがい》の選手《せんしゅ》が活躍《かつやく》するゴールボールは、アイシェード（目隠《めかく》し）をつけて鈴《すず》が入《はい》ったボールを交互《こうご》に投《な》げてゴール数《すう》を競《きそ》う競技《きょうぎ》。選手《せんしゅ》は、ボールに入《はい》った鈴《すず》の音《おと》や相手選手《あいてせんしゅ》の動《うご》く音《おと》を頼《たよ》りにプレーをするので、サポーターも声《こえ》を出《だ》してはいけないことになっています。

ただし、ゴールが決《き》まった瞬間《しゅんかん》やタイムアウト、選手《せんしゅ》交代《こうたい》などゲームが止《と》まっているときは、音楽《おんがく》が流《なが》れるので大《おお》きな声《こえ》で声援《せいえん》を送《おく》ることが許《ゆる》されています。

男子《だんし》のトップ選手《せんしゅ》になると、シュートの球速《きゅうそく》は、時速《じそく》70㎞になることも。静《しず》まり返《かえ》ったコートで繰《く》り広《ひろ》げられるシュートの打《う》ち合《あ》いは、手《て》に汗《あせ》を握《にぎ》る迫力《はくりょく》があります。

じっは きみに向《む》いているスポーツがわかる!?

毎日《まいにち》スポーツに打《う》ちこんでいる人《ひと》も、そうでない人《ひと》も、自分《じぶん》に向《む》いているスポーツがわかると良《よ》いと思《おも》わない？　ここでは、簡単《かんたん》な質問《しつもん》に答《こた》えていくだけで、きみに向《む》いているスポーツがわかるよ！　意外《いがい》な発見《はっけん》があるかも？

<…はい　<…いいえ

スタート

友達《ともだち》が多《おお》い方《ほう》だ

声《こえ》が大《おお》きいとよく言《い》われる

「最強《さいきょう》」や「強《つよ》い」という言葉《ことば》に魅力《みりょく》を感《かん》じる

小《ちい》さいころ、戦隊《せんたい》ものやヒーローものが好《す》きだった

新《あたら》しい物《もの》やメカが好《す》きだ

細《こま》かい事《こと》は気《き》にしない性格《せいかく》だ

どちらかというと、一人《ひとり》でいることが好《す》きだ

がまん強《づよ》い方《ほう》だと思《おも》う

ワイワイタイプ

人《ひと》が大好《だいす》き！みんなで力《ちから》を合《あ》わせて何《なに》かをすることが得意《とくい》なタイプのきみにおすすめのスポーツは…

- アイスホッケー
- バレーボール
- 水球《すいきゅう》 等《とう》

実《じつ》は…さびしがり屋《や》だ

メラメラタイプ

強《つよ》いものに惹《ひ》かれちゃう。正義感《せいぎかん》が強《つよ》く、勝《か》ち負《ま》けにこだわるタイプのきみにおすすめのスポーツは…

- 剣道《けんどう》
- バドミントン
- 柔道《じゅうどう》 等《とう》

困《こま》っている人《ひと》を見《み》ると、放《ほお》っておけない

のびのびタイプ

とっても大《おお》らかで柔《じゅう》軟《なん》な性格《せいかく》で、自然《しぜん》を愛《あい》するタイプのきみにおすすめのスポーツは…

- カヌー
- ゴルフ
- 射撃《しゃげき》 等《とう》

海《うみ》や山《やま》など、自然《しぜん》が好《す》きだ

コツコツタイプ

一人《ひとり》でも大丈夫《だいじょうぶ》。決《き》めたことは最後《さいご》まで黙々《もくもく》とがんばるタイプのきみにおすすめのスポーツは…

- ウエイトリフティング
- 競歩《きょうほ》
- 陸上《りくじょう》トラック
- マラソン 等《とう》

マイペースだとよく言《い》われる

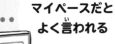

じつは スポーツは「楽《たの》しむこと」が いちばん大切《たいせつ》！

「大人《おとな》も知らない スポーツの実《じつ》は…」はどうだったかな？

最後《さいご》まで読《よ》んでくれたきみに、「じつは」をもう一《ひと》つだけ・・・

じつは、スポーツには正式《せいしき》な定義《ていぎ》は存在《そんざい》しないんだ。

「スポーツとは、体《からだ》を動《うご》かすこと」「スポーツとは、競《きそ》うこと」「スポーツとは、ルールがあること」など様々《さまざま》な説《せつ》があるけれど、一《ひと》つだけ挙《あ》げるとしたら、それはきっと「スポーツとは、『楽《たの》しむこと』」。

スポーツをする人《ひと》も、みる人《ひと》も、スポーツは「楽《たの》しむこと」がいちばん大切《たいせつ》だよ！

やってみないとわからない！
スポーツには**知《し》られざる一面《いちめん》**
があった！

スポーツにも、
長《なが》い歴史《れきし》あり！
スポーツを
スポーツを
愛《あい》する人《ひと》の数《かず》だけ、
スポーツの種類《しゅるい》がある。

勝《か》ち負《ま》けは大事《だいじ》。
でも、**スポーツを通《とお》して**
学《まな》んだことはもっと大事《だいじ》だよ。

スポーツに知《し》られざる
一面《いちめん》があったように、
きみの周《まわ》りの様々《さまざま》なものにも
きっと知《し》らない一面《いちめん》が
あるはずだよ。

参考文献

『オリンピック雑学150連発』(満薗文博／文春文庫)
『増補改訂オリンピック全大会 人と時代と夢の物語』(武田薫／朝日新聞出版)
『オリンピックのクイズ図鑑』(吹浦 忠正 (監修) ／学研プラス)
『オリンピック・パラリンピックまるごと大百科』(真田 久 (監修) ／学研プラス)
『オリンピックまるわかり事典 大記録から2020年東京開催まで』(PHP研究所)
『がんばれ! ニッポンの星 オリンピックのスターたち』(オグマナオト／集英社みらい文庫)
『子どもに大ウケ たのしい雑学クイズ365 』(中村 智彦 (監修) ／世界文化社)
『娯楽の雑学３００種類』(田中修二／ Kindle版)
『雑学王』(Go Okutsu ／ Kindle版)
『雑学庫　知泉蔵』(杉村喜光／ Kindle版)
『雑学全集2500種類』(kobayasi ／ Kindle版)
『雑学大全』(東京雑学研究会 ／東京書籍)
『雑学532連発！！』(雑学脳力研究会／スタジオスパーク)
『時間を忘れるほど面白いオトナの雑学』(面白雑学倶楽部／三笠書房)
『写真で見るオリンピック大百科　別巻　パラリンピックってなに?』
(舛本 直文 (監修) ／ポプラ社)
『知れば100倍楽しめる！オリンピックの秘密』(瀧澤次朗／彩図社)
『新ネタ満載 雑学新聞』(読売新聞大阪本社／ PHP研究所)
『スポーツ雑学大全』(ムック編集部／笹出版社)
『誰に話してもすべらない雑学』(博学こだわり倶楽部／河出書房新社)
『知識がひろがる! おもしろ雑学1200』(カルチャーランド／メイツ出版)
『知識の王様　スポーツ』(藤井 エミ／ポプラ社)
『つい誰かに話したくなる雑学の本』(日本社／講談社)
『ニッポン野球珍事件珍記録大全』(織田淳太郎／東京書籍)
『爆笑!感動! スポーツ伝説超百科』(ポプラ社)
『パラリンピック大事典』(和田 浩一 (監修) ／金の星社)
『パラリンピックの楽しみ方　ルールから知られざる歴史まで』(藤田 紀昭／小学館)
『ひとネタで、相手の心をすぐつかむ うける！ 雑学』(日本博学倶楽部／ PHP文庫)
『ヤンキースのユニフォームにはなぜ選手の名前がないのか？』(鈴木友也／日経BP社)
『歴史ポケットスポーツ新聞 オリンピック』(菅原悦子／大空出版)
『わかる!応援できる!パラスポーツ事典』(髙橋 明 (監修) ／メイツ出版)

参照サイト

朝日新聞
一般社団法人日本eスポーツ連合
講談社現代ビジネス
笹川スポーツ財団
サンケイスポーツ
時事通信社
スポーツニッポン
スポーツ報知
卓球王国WEB
東京オリンピック・パラリンピック公式サイト
東京都オリンピック・パラリンピック準備局
ナショナルジオグラフィック日本版
日刊スポーツ
日本オリンピック委員会
日本経済新聞
日本サッカー協会
日本体育大学
日本卓球協会
日本中央競馬会
日本バレーボール協会
日本野球機構
日本ライフル射撃協会
日本陸上競技連盟
日本レスリング協会
ハフポスト日本版
ホームメイト・リサーチ　スポランド
野球殿堂博物館
読売新聞
ワールドスポーツコミュニティ
AERA dot.
AllAbout NEWS
Olympic Channel
NEWSポストセブン
NHK 東京2020オリンピックサイト
NHK SPORTS STORY
Number Web
Yahoo! JAPAN 東京オリンピック・パラリンピック ガイド
Web Japan
web Sportiva

監修者　**白旗和也**（しらはた・かずや）

日本体育大学教授。東京学芸大学卒業。東京学芸大学大学院修了。小学校教諭、教育委員会、文部科学省スポーツ青少年局教科調査官、国立教育政策研究所教育課程調査官を経て、平成25年4月より現職。

文部科学省では「小学校学習指導要領解説体育編」「幼児期運動指針」の作成に携わる。

現在は、日本体育大学スポーツプロモーションオフィス・オフィスディレクター、JICA(青年海外協力隊)技術顧問(体育・スポーツ部門)、日本フラッグフットボール協会理事、世田谷区体力向上・健康推進委員長なども務める。

また、ここ数年はウガンダ共和国、パラオ共和国など開発途上国の体育普及に取り組んでいる。日本体育学会、日本体育科教育学会、日本発育発達学会、日本スポーツ教育学会、日本幼少児健康教育学会、日本教科教育学会、日本運動・スポーツ科学学会所属

大人も知らない!?　スポーツの実は…

2020年7月14日　発行

執筆	オグマナオト／大関直樹
ブックイラスト	てぶくろ星人
デザイン	小木曽杏子
本文イラスト	てぶくろ星人／3rdeye
本文DTP	長谷川ちひろ
校正	鷗来堂
編集サポート	tajimaru／田中梓
企画・編集	中村浩士
発行者	山本周嗣
発行所	株式会社　文響社
	〒105-0001　東京都港区虎ノ門2-2-5　共同通信会館9F
	ホームページ　https://bunkyosha.com/
	お問合せ　info@bunkyosha.com
印刷・製本	株式会社廣済堂

この本に関するご意見・ご感想をお寄せいただく場合は、郵送またはメール（info@bunkyosha.com）にてお送りください。
©2020　ISBNコード：978-4-86651-265-5　Printed in Japan